企业管理会计及其内部控制研究

宋 月 朱 玲 张丛政 著

中国原子能出版社

图书在版编目（CIP）数据

企业管理会计及其内部控制研究 / 宋月，朱玲，张丛政著. -- 北京 ：中国原子能出版社，2024. 12.

ISBN 978-7-5221-3956-2

Ⅰ. F275.2；F272.3

中国国家版本馆 CIP 数据核字第 2024YL8833 号

企业管理会计及其内部控制研究

出版发行	中国原子能出版社（北京市海淀区阜成路 43 号　100048）	
责任编辑	张　磊	
责任印制	赵　明	
印　　刷	北京厚诚则铭印刷科技有限公司	
经　　销	全国新华书店	
开　　本	787 mm×1092 mm　1/16	
印　　张	15	
字　　数	232 千字	
版　　次	2024 年 12 月第 1 版　2024 年 12 月第 1 次印刷	
书　　号	ISBN 978-7-5221-3956-2	定　价　**78.00** 元

前　言

　　企业内部控制是现代企业管理的重要手段，是保证企业正常经营所采取的一系列必要的管理措施。科学高效的内部控制是企业高质量发展的保证，也是遏制经济犯罪和防止腐败的需要。实现合理的内部控制目标，能够保证企业经营管理合法合规、资产安全、财务报告及相关信息真实完整，提高经营效率，促进企业实现发展战略。内部控制是企业各项管理工作的基础，是企业提高管理水平和防范风险能力的一种有效机制。

　　伴随着当今世界经济全球化浪潮的不断涌现，资本市场与跨国公司快速发展，有力推动着企业财会工作的创新性发展。企业运用管理会计方法，明确财务和业务信息的收集、分析、报告与处理程序，及时提供业务活动中的重要信息，全面反映经济活动情况，增强内部控制活动的时效性和针对性，进而建立和完善内部报告制度就显得极为重要和迫切。新形势下，更新财务管理的理念、方法和技术，制定一套规范性的国际会计准则，以此来协调企业财务会计实务，将成为越来越多企业关注的焦点。由此可见，对于企业财务管理与会计内部控制工作这一问题的研究具有十分重要的理论价值和现实意义。

　　在写作本书的过程中，笔者参阅了相关文献资料，在此，谨向其作者深表谢忱。书中难免存在疏漏之处，希望广大业内同行和读者不吝指正。

目　　录

第一章
企业管理会计概述

第一节　管理会计的产生与发展

管理会计从传统会计中分离出来，成为与财务会计并列的独立学科，经历了一个逐步发展的过程，是社会生产力发展到一定阶段的必然产物。管理会计的形成和发展大致经历了三个发展阶段。

一、传统管理会计阶段（20 世纪初—20 世纪 50 年代）

20 世纪初，西方资本主义国家完成了第一次工业革命，机械化大生产取代了作坊式小生产。随着生产规模的扩大，企业对内部经营管理越来越重视，强调计划与控制。西方企业推行泰罗制，从以经验和直觉为核心的传统管理转向科学管理，日常生产经营活动实现了标准化和制度化。与此相适应，会计体系也产生了变化，开始突破单纯的事后核算而进入事前预算。一些重要的控制方法，如标准成本、差异分析、弹性预算等被吸收进会计中，作为会计与管理的直接结合体，管理会计由此逐步形成。

1922 年，美国会计学者奎因坦斯出版了《管理会计：财务管理入门》一书，首次提出"管理会计"的名称。1924 年，又出版了管理会计学创始人麦金西的《管理的会计》和美国学者布利斯的《通过会计进行管理》等。1952年，国际会计师联合会年会正式采用"管理会计（Management Accounting）"

这个专用名词来统称企业内部会计体系，标志着管理会计正式形成。自此，现代会计分为财务会计和管理会计两大分支。管理会计形成了以预算体系和成本会计系统为基础的成本决策和财务控制体系。在这一阶段，管理会计以成本控制为基本特征，以提高企业的生产效率为目的，这只是一种局部性、执行性的管理会计，仍属于管理会计发展历程中的初级阶段。

传统管理会计阶段的标志：标准成本制度与预算控制制度的建立。

二、现代管理会计阶段（20 世纪 50—80 年代）

20 世纪 50—80 年代，各国经济进入了恢复和高速增长的新时期。科学技术日新月异，企业经营领域不断扩大，出现了许多规模庞大的跨国公司。随之而来的是企业经营环境日趋复杂，企业不但要面临日益激烈的国内市场竞争，而且要面对瞬息万变的国际市场竞争。客观上要求企业的经营管理朝着以谋求实现最佳经济效益为中心的经营决策型管理模式转变。现代管理会计是在新的历史条件下，以现代管理科学为基础，一方面，丰富和发展了其早期形成的一些技术方法；另一方面，又大量吸收了现代管理科学中运筹学、行为科学等方面的研究成果，把它们引进、应用到会计中来，形成了一个新的与管理现代化相适应的会计信息系统[①]。

现代管理会计阶段的标志：以预测决策会计为主、以规划控制会计和责任会计为辅的现代管理会计新体系。

三、战略管理会计阶段（20 世纪 80 年代至今）

进入 20 世纪 80 年代以后，随着全球经济的迅猛发展，市场竞争越来越激烈，环境变化越来越迅速，战略管理成为企业成功的关键。战略管理会计就是站在战略的高度，关注企业外部环境的变化，面对竞争对手，分析企业自身所处地位，据此来协助企业管理者确立战略目标，进行战略规

---

① 余绪缨. 会计理论与现代管理会计研究［M］. 北京：商务印书馆，2023.

划、评价管理业绩，以帮助企业取得竞争优势作为主要目标。战略管理会计不仅要收集、分析企业内部的数据信息，更要走出企业，为本企业提供外部市场环境及竞争者的信息，做到知己知彼，以求在市场竞争中立于不败之地。为此，管理会计发展了一系列新的决策工具和管理工具：一是宏观性的决策工具和管理工具，如可以通过云计算对客户的所有信息进行全面分析，从而判断客户的信用情况、供货或消费倾向以及是否可以放贷等；二是精细化的决策工具和管理工具，如运用平衡计分卡将企业战略目标逐层分解，不但克服了信息的庞杂性和不对称性的干扰，也为企业提供了有效运作所需的可量化、可测度、可评估的各种信息，有利于推动企业战略目标的实现。

战略管理会计阶段的标志：战略成本分析、目标成本法、产品生命周期成本法以及平衡计分卡。

其特征：从关注企业内部转向关注外部环境，对企业进行全方位管理。

第二节　管理会计的概念与地位

一、管理会计的概念

管理会计的基本含义可以概括为：以实现企业战略为目标，以加强企业内部经营管理、提高企业经济效益为目的，以企业的整个经营活动为对象，通过对财务信息及其他信息的加工和利用，实现对企业经营过程的预测与决策、规划与控制、分析与评价等职能的一个会计分支。

二、管理会计的地位

从管理会计的发展历程可以看出，管理会计作为从传统会计中分离出来的分支，其职能作用从财务会计单纯的记账、算账、报账的核算职能扩展到解析过去、控制现在与筹划未来的有机结合。随着数据信息化、网络化的发展，会计职业也正在经受前所未有的挑战。以美国为例，最新调查显示，在未来 10 年内，50%以上的会计工作将实现自动化。近年来，越来越多的国家加大了应用和推广管理会计的力度，最新的研究成果（如作业成本法、适时制等）被迅速应用到企业的管理实践中。当今的管理会计仍处于创新和变革之中，还将不断拓展应用的深度与广度。

因为我国管理会计工作尚处在初级阶段，大部分会计人员正在从事财务会计工作。直至 20 世纪 90 年代，我国才逐渐意识到管理会计的作用与价值，这足足比西方发达国家晚了 70 多年。近年来，财政部与中国注册会计师协会正在大力推进管理会计的发展，2008—2023 年中国注册会计师相关机构相继举办中国管理会计论坛，各大企业高度重视，深入参与。随着经济全球化和信息技术迅猛发展，企业运用管理会计的必要性日益凸显，合理使用资源、加强内部管理，是中国企业在世界经济竞技场立足的根本。当前，我国正面临经济发展新常态，如何转型升级是摆在企业面前的一个核心课题，管理会计在投资决策中起到至关重要的作用。如今，越来越多的企业开始将管理会计运用于日常的管理之中，这就意味着由上而下确保决策思维一致性越发重要。目前，为决策服务的管理会计人才严重不足，培养管理会计人才已刻不容缓。

第三节　管理会计与财务会计的关系

管理会计与财务会计是现代企业会计的两大分支，分别服务于企业内部管理的需要和外部决策的需要，两者之间既有联系又有区别。

一、管理会计与财务会计的联系

（一）管理会计与财务会计都是现代企业会计的分支

如前所述，现代企业会计分为财务会计与管理会计两大分支。两者脱胎于同一母体，共同构成了现代企业会计系统这一有机整体，相互依存、相互补充、相互促进，共同发展。

（二）管理会计与财务会计分享信息

管理会计所需的多数信息来源于财务会计系统，并对财务会计所提供的信息进行深加工和再利用，因此管理会计的工作质量会受到财务会计信息质量的制约。

（三）管理会计与财务会计的最终目标一致

管理会计与财务会计所处的工作环境相同，都以企业的生产经营活动及其价值表现为对象，为企业的总体发展目标服务。

二、管理会计与财务会计的区别

既然管理会计有必要从传统的财务会计中分离出来，成为独立的学科，那么管理会计与财务会计必然存在不同点。两者的区别主要表现在以下方面。

（一）工作主体不同

财务会计以企业法人为工作主体，所核算和监督的是整个企业的生产经营活动；而管理会计则主要以企业内部不同层次的责任单位为主体，它可以是整个企业，也可以是企业内部的一个部门，甚至可以是某些个人。因此，管理会计更突出以人为中心的行为管理，同时也兼顾企业主体。

（二）服务对象不同

财务会计工作的侧重点在于为企业外部利益相关主体，如投资者、债权人、税务部门等提供会计信息服务。从这个意义上说，财务会计又称"外部会计"。管理会计作为企业会计的内部会计系统，其工作的侧重点主要是为强化企业内部管理提供各种信息服务。

（三）基本职能不同

财务会计是把已经发生的经济事实真实、准确、及时地记录下来，所履行的是核算、监督企业经营活动状况和财务成果的职能，实质上是属于反映过去的报账型会计。管理会计则履行预测、决策、规划、控制和考核评价的职能，主要属于面向未来的经营管理型会计。

（四）规范程度不同

财务会计工作受到会计准则和会计制度的约束，财务会计信息必须符合会计准则的要求。会计准则和会计制度对财务会计来说具有很大的严肃性和权威性，必须严格遵守。而管理会计工作却没有统一的会计原则和制度的限制与约束，它可以灵活地应用其他现代管理科学理论作为其指导原则，公认会计原则对管理会计工作几乎不起作用。

（五）工作方法不同

财务会计的方法比较简单，核算时往往只需要运用简单的算术方法。而在管理会计工作中，不仅对不同问题可以选择灵活多样的方法进行分析处理，即使对相同的问题，也可根据需要和可能采用不同的方法进行处理。在信息处理过程中，管理会计工作经常运用统计方法、数学方法以及一些非量化的定性方法。

（六）工作程序不同

财务会计有一整套比较稳定、规范的工作程序，其工作必须遵循严格的会计循环程序，并且财务会计报告必须定期提供。而管理会计工作的程序性较差，通常没有固定的工作程序，也没有要求定期提供报告。

第四节　管理会计的基本职能

一、管理会计的职能

管理会计的职能是指它在企业管理中所起的作用。学界通常将其概括为预测、决策、规划、控制和考核评价五个方面。

（一）预测职能

预测过程是基于历史数据，运用系统化和科学的手段来预测事物未来可能的发展趋势。管理会计主要是基于过去或现在的会计记录和其他相关资料，运用定量或定性的分析方法，来预测和推断企业未来的经济活动趋势，以及这些趋势对企业财务、经营效果和现金流的潜在影响，从而为企业的内部管理决策提供准确的数据支持。管理会计的预测职能主要体现在销售预测、成本预测、利润预测、资金需求量预测等方面。

（二）决策职能

决策职能被视为管理会计中的关键职责之一。一些学者甚至将管理会计称为"决策会计"。管理会计的主要职责是通过提供与企业决策息息相关的信息来参与公司的内部管理决策过程。为了满足企业的决策目标，需要收集和整理相关的信息和资料，采用适当的策略来计算长期和短期决策方案的评估指标，并据此进行合理的财务评估，以协助企业领导做出更为科学的决策。管理会计所提供的各种数据和资讯能够协助管理层做出有效的多种决策。比如说，如何选择产品的种类组合、对长期投资项目的深入分析以及产品的定价策略等。

（三）规划职能

规划职能是通过制定各种不同的计划和预算来实现的。管理会计的职责是通过制定企业的全面预算，将决策中确定的各个管理层面、各个业务领域和不同的时间范围内的目标纳入全面预算中，并进一步细化各项预算指标。通过责任预算的编制方式，它能够合理、有效地组织和协调企业经营链条上的各个环节，充分利用企业可以支配的人力、物力和财力资源，确保全面预算的实现，并为控制企业的实际经营活动提供依据。

（四）控制职能

控制是一种通过特定手段来对企业的实际经济行为施加影响，以确保其能按照既定目标进行操作的过程。管理会计依据预先制定的预算来实时监控企业的经济行为，并对实际发生的经济活动进行同步的计量、记录和报告。它还会及时地将实际数据与预算数据进行比较，以确定偏离的程度，计算出差异，并分析产生这些差异的原因，从而确定相关的责任。针对存在的不利差异，提出一系列改进方案，并在必要的情况下对预算进行调整。通过有效的控制功能，管理会计可以对生产和经营活动产生积极的干预效果，从而确保所有计划目标得以实现。

1. 控制标准

全面预算不仅是企业追求的宏观目标，同时也是评估企业生产和经营绩效的重要准则。为了更加高效地执行控制措施，需要按照企业内部的责任单位对全面预算的各个指标进行逐层细化，并为责任中心制定责任预算，这将作为评估和考核各个责任中心的准则。

2. 计量和记录

对实际经营活动运行状况进行连续计量和记录，收集实际经营活动的反馈信息，定期编制业绩报告。

3. 对比和分析

将实际经营活动的反馈数据同责任预算数据进行对比，确定差异程度，以分析各责任中心的工作绩效。

4. 偏差纠正

针对预算出现的偏差进行调整，并基于这种偏差的根源，适时地改变公司的运营模式，确保达到预定的经营目的。管理会计的规划功能和控制功能是相辅相成、互相影响的，规划提供了控制的参考，而控制确保了规划的有效执行。

（五）考核评价

考核评价是对企业内部责任单位责任的落实和执行等进行考核与评价的过程。管理会计主要通过实施责任会计制度来进行考核评价。

管理会计的功能间存在着非常密切的联系，共同构建了一个完整的管理会计过程。预测作为作出决策的基础，而决策则构成了整个规划过程的根本基础。此外，规划不仅是预测与决策相互综合作用的体现，也是具体经营目标的明确表述，更是执行监控和评估活动的关键参考依据。

二、管理会计的内容

我们把现代管理会计的前述五大职能，组合为三大块基本内容，即预测决策会计、规划控制会计和责任会计。将上述三者进一步合并，又可分为规划与决策会计和控制与业绩评价会计两大部分。

在所有子系统中，预测决策会计展现出了最强的活跃性。它处于现代管理会计的核心位置，并被视为现代管理会计发展的关键标志之一。

规划控制会计是一个管理会计子系统，其目的是在已明确的决策目标和经营策略的基础上，进行相关的规划和控制，以确保预定的战略目标能够顺利实现。

责任会计是指在组织企业经营活动时，根据分权管理的思想划分各个内部管理层次的相应职责、权限、利益及所承担义务的范围和内容，通过考核评价各有关方面履行责任的情况，反映其真实业绩，为实施奖惩制度提供客观依据，从而调动企业全体职工积极性的管理会计子系统[①]。

---

① 吴大军，牛彦秀. 管理会计［M］. 6 版. 沈阳：东北财经大学出版社，2021.

第二章
企业管理会计的信息化

第一节　信息化时代对管理会计的影响

信息化已经对多数企业的商业模式产生了重大甚至决定性的影响，互联网电子商务正在重新定义企业的价值链。企业内部及企业与外部之间的响应越来越快，可以实现即时沟通，导致价值链中诸多的环节被取消。比如，线上替代线下，导致很多零售行业面临困境，甚至导致原先的线下票务代理公司直接消失，诸如此类，不胜枚举。

管理会计必须了解日新月异的信息技术和日益复杂的互联网电子商务环境，这样才能在未来的竞争中获得成功。电子商务项目对管理会计而言，意味着一个为企业增值，从而实现管理会计目标的机会。大中型企业应当考虑建立企业资源计划系统（enterprise resource planning，ERP）。企业资源计划系统，是指在信息技术基础上，以系统化的管理思想，为企业决策层及员工提供决策运行手段的管理平台。ERP 系统集信息技术与先进的管理思想于一身，成为现代企业的运行模式，反映了电子商务对企业合理调配资源、最大化地创造社会财富的要求，成为企业在信息时代生存、发展的基石。

信息技术给管理会计的发展带来的第一个重大机遇，是将会计师从烦琐的账簿中解放出来，会计师可以投入更多的时间和精力从事更有价值的管理工作——会计师具备了从记账员转型为管理者的前提和基础。在 20 世纪 80

年代初，对全球性的集团公司来说，在年度结束后 24 小时内出具财务报告，简直是天方夜谭，下属分(子)公司的手工会计处理到形成报告,再从分(子)公司传真到集团公司汇总合并，中间需要对数据差错进行反复核对和确认，出具财务报告是费时费力的活儿。在今天，对于管理优秀的公司，在年度结束后 24 小时内出具财务报告，已成为一种现实。很多基础的标准化、程序化工作，都已经由计算机系统自动完成，比如账目的核对、电子凭证的制作、报表的生成、通用财务指标的分析等。

信息技术给管理会计带来的第二个重大机遇，是更多管理会计工具的潜能得到释放。在手工会计时代，类似作业成本法这样的管理会计工具，虽然理念非常先进，但是使用的成本实在太高，远远超过其所能带来的效益，因此被很多企业放弃。而信息技术下的信息和数据采集能力使这些工具的使用成本大幅降低，从而可以给管理会计的实践提供更多的选择和可能性。

信息技术给管理会计带来的第三个重大机遇，是管理会计需要的大量基础数据和信息及其及时性、准确性得以大幅提升。管理会计的战略规划、重大决策、流程管理以及绩效评价激励，都需要数据和信息的支持。在信息技术普及之前，会计师获取这些数据和信息需要付出极高的成本。

但是，信息技术也给会计师带来了巨大的挑战。首先，信息技术解放了会计师，但是解放之后如果会计师做不了管理会计工作，那么会计师就会被淘汰。其次，信息技术带来的海量数据和信息，需要会计师掌握更强的分析能力，否则就会被数据和信息的海洋淹没而失去自我。

第二节　管理会计信息化的内涵与特征

一、管理会计信息化概述

管理会计信息化是指以计算机网络为主导，将财务会计信息在网络平台上进行加工处理，并传递到相关核算中心，进行相应的会计处理，为企业管理者提供更有质量的财务信息，并能有效地进行财务信息决策，为企业战略发展提供有价值的资源。管理会计信息化在我国处于发展阶段，现在还需要专业人员对其进行创新，以适应企业的发展需求。

与传统的会计核算方式相比，管理会计信息化通过互联网传递财务数据，对会计核算和业务处理流程进行重新整合，管理会计信息化在一定程度上实现了财务信息的集成化，使财务核算更加便捷。信息集成可以通过三个层次来划分：首先，在财务核算过程中，管理会计信息化将传统的管理会计与财务会计相结合，实现会计信息的完整性和准确性。其次，将企业财务数据与相关联的业务加以整合，采用一体化的管理模式，使得财务信息依托于真实的业务信息，有效地防止了财务数据不准确和不真实的情况发生。最后，信息集成中包括企业内部与外部相关企业的信息集成，而不仅仅是内部信息的集成。信息集成有利于企业将有效信息进行实时共享，达到企业资源的合理配置，提高财务工作人员的效率。利用管理会计信息系统的信息集成方式，既做到了减少财务人员的工作量和错误率，还可以实现集团财务数据的统一。管理会计信息化体系是多元化的，是不断更新并创新的，具有极强的适应力。

在当代快速发展的信息化时代，管理会计信息化的出现极大程度上改善了企业财务核算的方式，是企业财务的一次重大改革。在这样的大背景下，各个大型企业只有加快管理会计信息化的创新，才能在快速发展的经济形势下，顺应时代的潮流，使企业发展战略规划能够快速实现。

二、管理会计信息化的特征

管理会计信息化是将管理会计与信息化技术相结合，管理会计信息化在经济中的作用日渐显著，管理会计信息化具有普遍性、动态性和渐进性三个主要特点。

（一）普遍性

在电子信息技术不断发展壮大的过程中，互联网的应用已经成为日常生活中必不可少的一部分，而在企业的日常经营活动中，对互联网的依赖更是有增无减。因此，在管理会计领域，要想更好地发展企业的管理活动，就必然要引入管理会计信息化体系，所以，管理会计信息化在传统核算会计、财务管理等方面得到普遍运用，企业财务领域的发展也需要管理会计信息化的支持。现代管理会计信息化依托于电子信息技术的发展，在会计原则、会计核算、会计管理教育领域都有所发展。因此，从当前的管理会计市场上来看，管理会计信息化是普遍适用的。

（二）动态性

管理会计信息化是动态的体系，与企业经营业务相关的会计数据会进行实时更新，并且不论是局部还是广泛的数据，一旦出现问题，就会自动传输到管理会计信息系统中，进行相应的处理。企业财务信息的处理都是实时的，财务信息输入到管理会计信息化系统中，就会自动进行分类处理，将相同核算业务的财务数据进行汇总计算，这个过程全部都是按照设定好的业务处理流程来进行的。财务信息的数据采集过程也是动态的，使得财务数据信息的发布、传输和利用能够实现实时化、动态化，对企业管理者做出正确的决策具有积极的作用。

（三）渐进性

对于会计模式的重新整合，电子信息技术具有一种渐进性，这种渐进的过程大致可以分为三步：首先，将电子信息技术与会计核算工作相融合，建立起一套会计核算的信息化系统；其次，传统的会计核算工作要适应现代互联网的工作方式，就要做出一些改变，而网络信息也应该对传统的会计核算工作做出一些调整，以满足传统会计工作的正常运行；最后，运用现代电子技术对财务工作进行整合，形成管理会计信息化系统，这种渐进的过程，在每一个环节都很重要，都需要专业的技术人员和财务人员进行不断地更新改造。

第三节　财务管理信息化与财务共享

一、财务共享服务模式对管理会计信息化的作用表现

当前，在我国管理会计不断发展壮大的当下，管理会计信息化是每个发展中企业的必经之路。它在为企业带来巨大收益的同时，还提高了管理会计人员的工作效率。在管理会计信息化不断发展的过程中，新兴的财务共享服务模式对其起到了促进作用，而管理会计信息化为财务共享服务提供了电子信息平台。两者相辅相成，共同作用于企业，能在企业中发挥更大的优势，使企业日常核算更加便捷，财务数据更加透明。因此，财务共享服务模式与管理会计信息化相结合是很有必要的。

（一）有利于促进管理会计信息化建设

在企业快速发展的今天，管理会计信息化在各个企业中不可或缺。管理会计信息化将庞大的财务信息加以整合，以互联网的形式呈现给财务人员，使财务人员对数据的核算更加准确和便捷。由此可见，管理会计信息化在现代社会普遍存在。

在管理会计信息化的基础上，结合财务共享服务模式，可以使财务共享为管理会计水平的提高做出贡献，让财务共享服务模式快速融入会计行业，促进财务信息化建设，为会计行业的快速发展起到积极作用。

在财务共享服务模式下，管理会计信息化才能发挥其最大优势。在建设财务信息化平台时，它能降低企业对财务数据采集的难度，减少传统的核算型财务人员数量，降低企业的运营成本。因此，财务共享服务模式下的管理会计信息化，能够更好地促进财务信息化建设，为我国管理会计信息化的发展做出巨大贡献。

（二）有利于完善管理会计信息化系统

在互联网飞速发展的时期，无纸化、自动化、云端化的财务信息化，可以实现多种业务、多种语言的财务服务模式。现代电子技术发展日新月异，云技术、大数据、移动互联网等新兴信息技术和创新思维，不断影响着企业的日常运营，同时也引发了企业管理会计信息化的变革。首先，财务管理信息化可以充分运用积累的大数据，创造更大的价值。在财务共享服务模式下，会同时产生大量的财务数据。其次，财务共享服务模式运用云技术，使财务服务更加便捷。在云计算技术下，企业能以最快最好的方式满足客户需求，财务的业务流程和信息系统都会发生变化。因此，财务共享服务不断完善管理会计信息化系统。

（三）有利于提升管理会计信息化水平

管理会计信息化的发展已较为完善，各个企业内部普遍应用管理会计信息系统。这种高效、便捷、核算准确且应用简单的系统，是我国财务领域快速发展的重要标志。

管理会计的核心是业财融合，而财务共享中心被认为是业财融合的起点。因此，其建设与完善有利于实现业财融合，有助于管理会计信息化发展，提高管理会计水平。财务共享服务模式下管理会计信息化从以下几个方面提高管理会计水平。

首先，降低企业的运营成本。在管理会计的核算中，需要大量财务人员与其他部门人员沟通，以获取相关数据。例如，要计算销售收入就需要知道销量和单价，因此，财务部人员需要与销售部人员进行合理有效的沟通。但沟通需要人力物力，这会导致企业财务人员工作时间变长，工作效率下降，且无法很好地保障财务信息质量。建立新型的财务共享服务模式下的管理会计信息化，可以减少财务人员数量，降低沟通成本，从而降低企业的运营成本。

其次，财务共享中心流程再造能力强大，信息技术基础良好，有利于通过差旅服务、供应商集中采购、物流服务集中、人力资源集中、客户关系管理集中等措施，实现财务介入业务前端，为管控业务前端原始数据的能力和真实性提供可能。这也有利于业财融合的流程再造实施，对提高企业管理会计水平具有重要意义。

最后，使传统财务人员面临转型。财务共享服务模式下管理会计信息化系统可以代替财务人员完成日常经营业务的核算，因此，可以解放更多的高级会计人员从事业务型财务工作，实现传统财务人员向管理会计方向转型，有利于企业财务部开展业财融合，提高财务精细化程度，使企业的财务决策、经营管理和企业战略制定更加完善，从而提高企业的管理会计水平。

二、财务共享服务模式下管理会计信息化的内容

（一）成本管理信息化

随着我国经济的不断发展，我国企业面临着更加复杂的社会环境。在企业不断扩张的过程中，企业的业务范围不断延伸，这将产生更加复杂的成本核算过程。在这种背景下，企业若仍采用过去传统的人工核算方法进行成本核算和控制，将会适得其反，不但无法降低成本，还会大大增加企业成本核算的负担，降低财务人员的工作效率。因此，我国很多企业已开始引入基于财务共享服务模式的管理会计信息化。这一模式的兴起，解决了企业成本居高不下和员工工作效率低下的问题。该系统会设置一套统一的成本相关参数，并有一套统一的成本核算流程，自动从财务共享中心获取有利于核算的财务数据，进行合理有效的财务分析。这一系统可以有效控制成本，实现企业集团利益最大化。

（二）预算管理信息化

预算管理是每个企业日常经营过程中不可或缺的内容。企业通过对各个

部门进行预算分析，来完成企业的整体战略规划。通过制定各种预算，能有效防止企业资源的浪费，并对在职员工起到监督管理的作用。但是传统的预算管理方法较为复杂，需要人工操作，不仅浪费人力资源，还降低了企业预算管理的效率，而且会出现预算松弛的现象。为避免这些问题的发生，各个大型企业引进了财务共享服务模式下的预算管理信息化体系。通过这一体系，企业将财务共享中心与预算管理很好地结合起来，实现了电子化自动预算的目标。企业财务人员只需将相关的预算参数输入系统中，系统会自动从财务共享中心获取相关数据进行预算的编制，并且随着时间的推移，系统会进行预算调整，以适应当前公司的战略方向。

（三）绩效管理信息化

各个大型企业和中小型企业都有绩效考评的方法。绩效考评主要是为了激励员工，并且能够考察员工现有的工作进度，以此判断企业本季度或者本年度能否实现战略目标。如今，很多大中小企业都开始将传统的绩效评价体系转变为绩效管理信息化。信息化的发展为企业带来了许多便利。在绩效管理信息化系统中，企业制定了统一的绩效评价标准，适用于企业内部所有的职能部门，并且部门之间可以相互借鉴比较，激发员工的积极性，使员工共同为企业的利益而奋斗。

（四）投资管理信息化

企业在发展壮大的过程中需要大量的资金，因此投资管理十分重要。投资管理要先制订投资计划，充分了解企业自身的资金和投资对象的经营成果，并对投资计划进行有效的监督和控制。在财务共享服务模式下，投资管理信息化水平得以提高，可以自动获取与投资相关的财务数据，并对投资对象进行逐一分析，使企业财务人员将更多的精力投入到公司的决策、运营管理和战略制定中。企业可以借助投资管理信息系统，定义投资项目、投资程序、投资任务、投资预算、投资控制对象等基本信息，并在此基础上，制订企业各级组织的投资计划和实施过程。这样一来，投资计划能够进行分解并下达到各个分支机构①。在企业财务共享服务模式下，管理会计信息化体系的建设不断创新，使企业内部部门能够充分利用企业的各种资源，实现企业资源的合理配置，以此提高财务人员的工作效率，提升财务人员的专业素养，为企业未来创造价值。

第四节　财务共享服务模式下管理会计信息化的优化策略

一、保障管理会计信息的安全

（一）加强管理会计信息安全保护

在采用财务共享服务模式的情况下，企业会将集团的所有财务数据进行分类和汇总，然后上传到财务共享中心进行相关的预算管理、成本控制和绩效考核等工作。但是，财务数据是以网络形式存储在财务共享中心的，并通过网络传播，因此，数据信息的安全性至关重要。为了在财务共享服务模式下更有效地推进管理会计的信息化进程，财务专业人员需要高度重视数据安全性，并可以从三个主要方面来加强数据保护。

1. 对特殊的数据设置访问权限

财务数据在财务共享中心可被各个部门查看，所以对于那些涉及商业机密的数据，应该及时设置访问权限，只有相关人员才有访问权限。

2. 加强用户管理

在对财务共享服务中心进行维护时，应该多关注每个用户的使用情况，以免出现用户操作不当或者故意破坏数据的行为。如果出现这些行为，相关

---

① 高凯丽，戚啸艳. 管理会计理论与工具方法［M］. 南京：东南大学出版社，2021.

网络维护人员应该及时制止，禁止其访问共享中心。

3. 加强共享中心的维护

集团可以通过对设备和网络环境的优化，达到保护数据的目的，从而提高企业信息和相关数据的安全性。

（二）健全管理会计信息系统

为确保管理会计信息的安全性，管理会计信息系统需进一步优化与改良。在进行管理会计的各项任务时，管理团队必须加强企业的行政体制建设，确保对每个职位的日常运营进行有效监控和检查，使工作流程更为规范化。在共享中心，我们需要经常协调与沟通各企业数据，同时构建一个全面的财务管理系统，以使企业信息和财务数据能实时高效整合，并最终实现共享。构建一个完整而高效的管理会计信息管理系统，能够确保企业的财务数据安全流转，从而提升财务核算的工作效能。

（三）重视管理会计信息使用权限和用户管理

在财务共享服务模式下，实施管理会计信息化极大地推动了企业的长远发展。

财务数据的共享依赖网络存储，这意味着数据安全问题应当受到足够的关注。

某些数据关联商业机密，我们应该明确权限设置，确保不同的职务级别有各自的权限限制。在此基础上，企业应致力于对管理会计信息与系统实施高效的维护措施，确保非官方人员不得介入，防止任何潜在的财务数据遭受损害。

二、积极优化管理会计信息系统的应用

（一）不断扩大云计算的运用

在财务共享服务中心逐步发展的过程中，云计算技术的引入起到了积极

的推动作用。首先，采用云计算技术能够在一定程度上缩减公司的运营费用。企业需将部分费用支付给提供云计算的供应商，由云计算供应商负责系统修复和软件安装任务。相较于传统的管理会计信息化建设，云计算技术的引入显著降低了企业运营成本；其次，通过云计算并利用互联网，财务人员的工作效能得到了极大的提升。云计算技术的应用进一步推动了企业管理会计向高效率、便捷性的方向发展；最后，企业运用云计算不仅促进了内部和外部的共赢，而且内部能满足三方协调的管理需求，外部也允许企业与外部的银行、市场、客户，以及供应商协同合作，以实现高效协同的工作模式。因此，在我国管理会计信息技术尚处于初级发展阶段，企业采用云计算是促进管理会计信息化持续进步的关键。

（二）大力支持管理会计软件的开发

在我国，管理会计的信息化仍处于初级发展阶段，它高度依赖于软件的使用和更新，而系统软件的不断研发和进步对我国管理会计信息化的整体水平产生了深远的影响。因此，在扩大云计算应用范围的同时，企业应当专注于管理会计软件的开发。公司的管理团队应当将部分资金用于软件的开发，并邀请有经验的软件开发者与公司的财务团队合作，共同推进软件的研究与开发。为了促进我国管理会计的进步，政府应当为企业提供适当的补助和技术援助。

（三）积极完善管理会计信息系统应用程序

对于众多的大型和中小型企业而言，他们的管理会计信息化系统仍有许多不足之处，这需要他们花费更多的时间来对系统进行优化和完善。管理会计的信息化架构在其设计和执行过程中都面临着某些挑战，同时会计的基本原则和假设也亟须调整和更新。因此，管理层有责任对企业的财务团队进行监控，确保管理会计的信息化程度满足企业的需求，这将使管理会计的发展更为顺畅，并为企业提供更优质的服务。

三、加强管理会计复合型人才的培养与激励机制

（一）加快培养管理会计复合型人才

在如今经济快速增长的背景下，财务共享服务为各个企业带来了众多的便利，并对财务人员的职业能力提出了更高的要求。与传统的仅仅专注核算会计的会计方式相比，财务人员不仅要对会计的各个领域有深入了解，更要具备广泛的知识储备，这也是现代财务专家所必需的基本能力。目前，众多企业正致力于会计专业人员的职业转型，从传统模式逐渐向管理会计模式转变，这样可以为公司的业务决策、战略策划，以及运营策略提供更为合适的参考建议。在培养管理会计的复合型人才时，企业应当积极筹划和执行多种培训计划，这可以包括邀请高等教育机构的教授，以及行业内颇具声望的资深人士到企业进行深度讲座，激励企业的财务人员与这些教授或前辈加强交流和分享知识，从而促进企业的持续发展和壮大。

财务数据对管理会计信息化系统来说，具有非常重要的作用，管理决策者只有对企业的财务信息有充分的了解，才能在财务管理中发挥重要的作用，也对财务人员的转型有推动作用。

（二）强化管理会计信息化人员职业教育

公司不仅应当积极培训既具备管理技能又具备会计能力的复合人才，还必须高度重视财务团队的职业道德教育。会计行业的工作人员必须始终牢记，他们需要在工作中不断提升职业道德，并通过深入学习国家法律、会计专业的道德规范和相关政策来确保自身行为的合理性。此外，企业有能力创建一个严格的监管体制，以对违反职业道德的财务人员进行严格的处罚，并对那些遵循职业道德的财务人员给予额外的奖赏，从而帮助企业财务人员建立起健康的价值观，使其在会计行业中不断发展并走向成熟。

（三）健全管理会计人员激励机制

在培养管理会计的综合人才和加强财务人员的职业道德教育的过程中，我们还需要进一步完善公司内部管理会计人员的奖励制度。首先，企业的管理团队需要更加关注员工的日常生活和需求，并对大部分员工的需求进行整合和归纳，从而编制一份全面的报告。其次，管理团队需要与财务经理紧密合作，根据财务任务的具体内容，为每位员工明确标注他们应该完成的工作内容和工作时长，这不仅有助于激发员工的工作热情，也能帮助企业更迅速地实现其战略愿景。随着时间的推移和员工需求的演变，激励方法也会相应地调整，以实现最有效的激励效果。

第三章
内部控制概述

第一节　内部控制的产生与发展

内部控制最初从拉丁语 "contrarotulus" 派生而来，意为 "对比宗卷"。它起源于古罗马时代对会计账簿实施的双人记账制，即某笔经济业务发生后，由两名记账人员同时在各自的账簿上加以登记，然后定期核对双方的账簿记录，以检查有无记账差错或舞弊行为，进而达到控制财物收支的目的。在企业界、管理层、审计师、政府监管部门乃至国际监管组织的共同推动下，内部控制的理论与实践如今有了长足的发展。正如内部控制专家汤姆·李所言："这个今日在经济管理领域的许多方面仍然发挥重要作用的内部控制思想，其发展应归功于历代企业家、政府官员、会计人员和著书立说者们的不懈努力。他们不是在实践中应用这一思想，就是至少提倡应用这一思想。"总体来说，内部控制理论和实践经历了大致五个发展阶段。

一、内部控制的发展历程

（一）内部牵制阶段

一般认为，20 世纪 40 年代以前是内部牵制阶段。内部牵制是指一个人不能完全支配账户，另一个人也不能独立地加以控制的制度。某位职员的业务与另一位职员的业务必须是相互补充、相互牵制的关系，即必须进行组织上的责任分工和业务的交叉检查或交叉控制，以便相互牵制，防止错误或弊端，这就是内部控制的雏形。《柯氏会计词典》给它下的定义是："为提供有效的组织和经营，并防止错误和其他非法业务发生而制定的业务流程，其主要特点是以任何个人或部门不能单独控制任何一次或一部分业务权力的方式进行组织上的责任分工，每项业务通过正常发挥其他个人或部门的功能进行交叉检查或交叉控制。"长期以来，人们对上述内部牵制概念没有根本的异议，以致在现代的内部控制理论中，内部牵制仍占有相当重要的地位，并成为现代内部控制理论中有关组织控制、职务分离控制的雏形。

（二）内部控制制度阶段

在内部牵制思想的基础上，产生了内部控制制度的概念。内部控制制度的形成，可以说是传统的内部牵制思想与古典管理理论相结合的产物。

1949 年，美国注册会计师协会的审计程序委员会发表了一份题为《内部控制、协调系统诸要素及其对管理部门和注册会计师的必要性》的专题报告，该报告对内部控制首次做出了如下权威定义："内部控制是企业所制定的旨在保护资产、保证会计资料可靠性和准确性、提高经营效率、推动管理部门所制定的各项政策得以贯彻执行的组织计划和相互配套的各种方法及措施。"

内部控制制度思想认为，内部控制应分为内部会计控制和内部管理控制两个部分。内部会计控制包括与财产安全和财产记录可靠性有关的所有方法和程序，旨在保护企业资产、检查会计数据的准确性和可靠性。内部管理控制包括组织规划的所有方法和程序，这些方法和程序主要与经营效率和贯彻执行方针有关，旨在提高经营效率，促使有关人员遵守既定的管理方针[①]。

最早提出内部会计控制系统的是 1934 年美国发布的《证券交易法》。该法规定：证券发行人应设计并维护一套能够为财务信息真实可靠目标提供合

---

① 李荣梅，权红，张瀚文，等. 企业内部控制［M］. 4 版. 沈阳：东北财经大学出版社，2022.

理保证的内部控制制度。1958 年，美国审计程序委员会又发布《独立审计人员评价内部控制的范围》的报告，将内部控制分为内部会计控制和内部管理控制。

西方学术界在对内部会计控制和内部管理控制进行研究时发现，这两者是不可分割、相互联系的。因此，在 20 世纪 80 年代提出了内部控制结构的概念。

（三）内部控制结构阶段

进入 20 世纪 80 年代，内部控制的理论研究又有了新的发展，人们对内部控制的研究重点逐步从一般含义向具体内容深化。其标志是美国注册会计师协会于 1988 年 5 月发布的《审计准则公告第 55 号》。在公告中，以"内部控制结构"概念取代了"内部控制制度"，并指出："企业内部控制结构包括为提供取得企业特定目标的合理保证而建立的各种政策和程序。"认为内部控制结构由三个要素组成：控制环境、会计系统和控制程序。并明确了内部控制结构三要素的内容。控制环境：对建立、加强或削弱特定政策和程序的效率发生影响的各种因素，主要表现在股东、董事会、经营者及其他员工对内部控制的态度和行为上。会计系统：规定各项经济业务的确认、计量、记录、归集、分类、分析和报告的方法，也就是要建立企业内部的会计制度。控制程序：管理当局制定的用以保证达到一定目的的方针和程序。

与以前的内部控制相比，内部控制结构有两个特点：一是将内部控制环境纳入内部控制的范畴，二是不再区分会计控制和管理控制。至此，在企业管理实践中产生的内部控制活动，经过审计人员的理论总结，已经完成从实践到理论的升华。

（四）内部控制整体框架阶段

1992 年，由美国会计学会、注册会计师协会、内部审计师协会、财务经理人员协会和管理会计师协会等组织成立的专门研究内部控制问题的美国虚假财务报告全国委员会的赞助组织委员会（The Committee of Sponsoring Organizations of The National Commission of Fraudulent Financial Reporting，COSO）发布了指导内部控制的纲领性文件 COSO 报告——《内部控制——整体框架》，并于 1994 年进行了增补，这份报告堪称内部控制发展史上的又一里程碑。

COSO 报告指出，内部控制是由公司董事会、管理层和其他员工实施的，为实现经营的效果和效率、财务报告的可靠性以及适用法律法规等目标提供合理保证的一个过程。内部控制的根本目的是防范风险。根据 COSO 的这一定义，内部控制是为达到目标提供合理保证而设计的过程。具体来说，是为了达到提供可靠财务报告、遵循法律法规和提高经营效率效果等目标。COSO 提出了企业内部控制的整体框架，在 COSO 内部控制框架中，管理层需要履行的职责包括五要素：控制环境（control environment）、风险评估（risk assessment）、控制活动（control activities）、信息与沟通（information and communication）和监督（monitoring）。

1. 控制环境

控制环境作为内部控制整体框架中所有构成要素的基础，为内部控制提供了前提和结构。其特征是首先，明确定义机构的目标和政策；其次，以战略计划和预算过程进行支持；再次，清晰定义有利于划分职责和汇报路径的组织结构，确立基于合理年度风险评估的风险接受政策；最后，向员工澄清有效控制和审计体系的必要性以及执行控制要求的重要性，同时，高级领导层需对文件控制系统做出承诺。控制环境决定了企业的基调，直接影响企业员工的控制意识。

2. 风险评估

风险评估是确定和分析目标实现过程中的风险，并为决定如何对风险进行管理提供基础。这一环节是 COSO 内部控制整体框架的独特之处。把风险评估作为要素引入内部控制领域，这是第一次。在风险评估过程中，管理层识别并分析实现其目标过程中所面临的风险，从而制定决定如何管理风险的制度。管理层应该在审计师开始审计之前，识别那些重大的风险，并基于这些风险发生的可能性和影响采取措施。随后，审计师对这一风险评估过程进行评价。

3. 控制活动

控制活动是指确保管理层的指令得以实现的机制，包括那些被识别的能够缓和风险的活动。控制活动存在于组织的所有层面及组织所有的功能中，如核准、授权、验证、调节、复核经营绩效、保障资产安全、职务分工及信息系统等。

4. 信息与沟通

员工能够获得其工作中所需要的信息，是确保员工履行职责的必要条件。沟通是各级人员接收最高管理层关于控制责任指令的方式，包括信息向上的、向下的、横向的、在组织内外自由地流动。在企业运行和目标实现过程中，组织的各个层面都需要一系列包括来自企业内部和外部的财务和运营信息。信息系统对战略行动提供支持，并融入经营活动中。

5. 监督

监督是由实时评价内部控制执行质量的程序组成的，这一程序包括持续监督和独立评价，或者是两者的综合。独立评价的范围和频率取决于所评估的风险程度，内部控制系统需要被监督，监督能够确保内部控制的有效运行。监督要素包括经理人员日常的监督、审计师和其他群体定期的审核以及经理人员用以揭示和纠正已知的缺陷与不足的程序。监督可以保证其他控制的运行。

COSO 将内部控制要素以一个金字塔结构（见图 3-1）提出，其中控制环境作为金字塔的最底部，风险评估和控制活动位于上一层次，信息与沟通接近顶部，监督处于最顶端。控制环境是整个控制系统的基础，没有控制环境，其他要素就成了空中楼阁。任何一个组织的控制环境都要受其组织结构、组织文化以及信息与沟通系统的影响，反过来它又影响着组织的业务流程、员工控制意识、具体控制活动及监督的效率和效果。

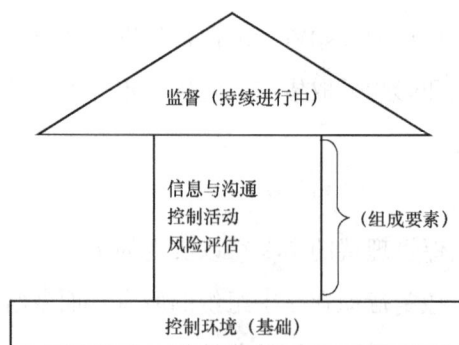

图 3-1　内部控制五要素的关系

图 3-1 表明：五大要素中，控制环境是基础，是其余要素发挥作用的前提条件。如果没有一个有效的控制环境，其余四个要素无论其质量如何，都不可能形成有效的内部控制。风险评估、控制活动、信息与沟通是整个控制框架的组成要素，监督则是对另外四个要素进行的持续不间断的检验和再控制。

COSO 报告的发布引起了世界会计学界的广泛研究兴趣，加深了各界对内部控制的认识，基本上统一了业界的认识，这对人们进行企业内部控制的研究极具时代意义。

COSO 报告对我国的会计理论和会计实务方面都具有重大的启示和借鉴意义。在理论方面的启示，首先体现在我国各级会计人员必须加深对内部控制的认识，内部会计控制是内部控制的核心组成部分，必须转变原有过时的内部会计控制观念和思想，以便更好地促进企业内部控制管理，使内部会计控制思想得到企业各个阶层的自觉遵守，"软控制"在企业中生根发芽，这是企业管理中最为推崇和有效的控制方法。在实务方面的启示，我国应吸收COSO 报告的研究成果，对我国企业内部会计的控制环境、控制活动和风险评估等进行重新审视并加以完善和提高，以便建立一套更适合我国企业的内部控制办法。

（五）企业风险管理整合框架阶段

自 COSO 报告发布以来，内部控制整体框架已经被许多企业采用，理论界和实务界也纷纷对该框架提出改进建议，认为其对风险的强调不够使得内部控制无法与企业风险管理相结合。因此，2001 年 COSO 开展了一个项目，委托普华永道会计师事务所开发一个对于管理当局评价和改进他们所在组织的企业风险管理的简便易行的框架。正是在开发这个框架期间，2001 年 12 月，美国最大的能源公司之一安然公司，突然申请破产保护，此后上市公司和证券市场丑闻不断，特别是 2002 年 6 月的世界通信公司（简称世通）会计丑闻事件，"彻底打击了投资者对资本市场的信心"。美国国会和政府加速制定与采用新的法律试图改变这一局面。在这一背景下，2002 年 7 月美国总统小布什签署出台了《2002 年公众公司会计改革和投资者保护法案》，该法案由参议院银行委员会主席保罗·萨班斯和众议院金融服务委员会主席迈克·奥克斯利联合提出，又被称为《萨班斯—奥克斯利法案》（简称《SOX 法案》）。该法案是继美国《1933 年证券法》《1934 年证券交易法》以来的又一部具有里程碑意义的法案。《SOX 法案》强调了公司内部控制的重要性，从管理者、内部审计及外部审计等几个层面对公司内部控制做了具体规定，并设置了问责机制和相应的惩罚措施，成为继 20 世纪 30 年代美国经济危机以来，政府制定的涉及范围最广、处罚措施最严厉的公司法律。

二、内部控制的进一步发展

随着我国内部控制规范体系的广泛建立，实施内控成为了上市公司的底线要求。这种从"前沿"到"底线"的变化，集中体现在上市公司要强制披露自身内控的有效性，并接受审计。那么，是不是审计通过了，上市公司就没有风险、没问题了呢？实际情况并非如此，一些风险事件仍会发生。所以，新的框架强调了内控对于天灾（外部事件）和人祸（人为失误）的无能为力。既然旧框架得到了修订，这势必会影响我国企业的内控建设。

紧随内部控制框架的修订，COSO 于 2014 年 10 月 21 日宣布启动"更新 2004 年企业风险管理框架"的计划，并委托普华永道会计师事务所着手框架的更新。2017 年，美国反欺诈财务报告委员会 COSO 公布了新版企业风险管理框架"企业风险管理 — 服务于企业战略和绩效的实现"。这项更新的企业风险管理框架改进了框架的内容，提升了框架与日益复杂的商业环境之间的关联性，反映了风险管理理论和实践，以及利益相关者预期的演进；开发相关工具，帮助管理层报告风险信息，检查和评估企业风险管理的实施情况。寄望各类组织通过使用更新后的整体框架，能够对不确定性进行管理，测算可承受的风险水平，加深对"机会"的理解，从而保护和增加企业的价值。

第二节　内部控制的定义与目标

一、内部控制的定义

内部控制是指一个组织为了实现其经营目标，保护资产的安全完整，保证会计信息资料的正确可靠，确保经营方针的贯彻执行，保证经营活动的经济性、效率性和效果性，而在组织内部采取的自我调整、约束、规划、评价和控制的一系列方法、手段与措施的总称。

第一，内部控制的主体属于组织内部，即内部控制源于组织的内部需求。如果控制者来自组织外部，那么其对组织实施的控制就属于外部控制，如税务控制、政府审计控制。在内部控制过程中，上至董事长、下至基层员工，人人都应成为内部控制的主体，即应强调"全员控制"的理念。

第二，内部控制的建立与实施是有目的的，即实现控制目标。内部控制的目标不仅包括报告目标，还包括经营目标和战略目标等，即应强调"全面控制"的理念，而不只是会计控制。

第三，内部控制只能为目标的实现提供"合理保证"而非"绝对保证"。"合理保证"意味着内部控制制度的设计和执行并不意味着可以"包治百病"，也不意味着企业可以"万事无忧"，只是有内部控制制度的企业相对而言比没有内部控制制度的企业更不容易发生错误和舞弊现象，执行得好的企业一般比执行得不好的企业更有效率。

第四，内部控制是一个动态的过程，即从整体控制看，包括制度设计、制度执行和制度评价（即对制度设计和执行情况的监督检查）等阶段；从业务控制看，一般应采取事前控制、事中控制和事后控制等措施，即应强调"全程控制"的理念[①]。

二、内部控制的目标

目标是主体在一定时间内期望达到的成果。德鲁克认为，不是有了工作才有目标，而是有了目标才能确定每个人的工作。当高层管理者确定组织目标后，必须对其进行有效分解，转变为各个部门的分目标，管理者根据分目标对下级进行考核。只有完成了分目标，企业的总目标才有完成的可能。就内部控制而言，确定控制目标并逐层分解目标是控制的开始，内部控制的所有方法、程序和措施无一不是围绕着目标展开的，如果没有目标，内部控制就会失去方向。因而从某种意义上讲，目标也是一种控制手段。

我国《企业内部控制基本规范》规定，内部控制的目标是合理保证企业经营管理合法合规、资产安全、财务报告及相关信息真实完整、提高经营效率和效果、促进企业实现发展战略。

（一）战略目标

促进企业实现发展战略是内部控制的最高目标，也是终极目标。一个企业为实现其战略目标，首先是在分析内外环境的基础上制定战略，明确战略目标；其次是在对风险进行识别、评估并制定相应对策的基础上形成战略规划；最后需要将该战略目标分解为相应的子目标，再将子目标层层分解到各个业务部门、行政部门和各生产过程。鉴于企业战略实现的重要性与复杂性，所有内部控制行为首先必须围绕促进企业实现发展战略这一目标展开。

---

① 王文. 内部控制与风险管理理论与实务［M］. 长春：吉林人民出版社，2020.

（二）经营目标

经营目标即实施内部控制要提高经营的效率和效果。企业经营的根本目标是实现资本保值增值、维护股东利益，这一目标决定了着眼于企业经营效率和效果的经营目标在企业内部控制目标体系中占有支配地位，并发挥主导作用。经营目标是企业实现战略目标的核心和关键，战略目标是与企业使命有关的总括性目标，它的实现需要通过分解和细化为经营目标才能得以落实，没有经营目标，战略目标制定得再好也没有任何意义。

（三）报告目标

报告目标即内部控制要合理保证企业提供真实可靠的财务报告及其他信息，它是内部控制目标体系的基础目标。如果说战略目标和经营目标是从企业自身的角度提出的，那么报告目标则更多地考虑企业外部的需求。真实可靠的财务报告能够公正地反映企业的财务状况和经营成果，从而有利于信息使用者做出决策。

（四）合规目标

合规目标即内部控制要确保企业遵循国家法律法规的规定，不得违法经营。一个违反法律法规、丧失道德底线的企业，必然会将自身置于高风险的环境中，从而对自身的生存和发展造成巨大威胁。国家有关法律法规、制度的落实必须依靠内部控制的有效执行来保证。合规目标是实现其他目标的保证，也是企业一切活动的前提，能为企业的生存和发展创造良好的客观环境。

（五）资产安全目标

资产安全目标主要是为了防止资产损失。COSO 框架并没有将资产安全作为一个重要的目标，但我国是一个产权多元化的国家，国有资产流失严重，保护资产安全与完整具有特别紧迫的现实意义。保护资产的安全与完整是企业开展经营活动的基本要求，也是企业实现其他目标的前提。

内部控制的目标之间相互联系，构成了一个完整的内部控制目标体系。战略目标是总体目标，经营目标是战略目标的细化、分解与落实，是战略目标的短期化与具体化，是内部控制的核心目标；资产安全目标是实现经营目标的前提；报告目标是经营目标的体现与反映；合规目标是实现经营目标的有效保证。

第三节　内部控制的原则与要素

一、内部控制的原则

内部控制的原则是企业建立与实施内部控制应当遵循的基本方针。企业建立与实施内部控制应当遵循五项原则，即全面性、重要性、制衡性、适应性和成本效益原则。

（一）全面性原则

内部控制应当贯穿决策、执行和监督全过程，覆盖企业及其所属单位的各种业务和事项，实现全过程、全员性控制，不存在内部控制的空白点。

（二）重要性原则

内部控制应当在全面控制的基础上，关注重要业务事项和高风险领域，并采取更为严格的控制措施，确保不存在重大缺陷。重要性原则的应用需要一定的职业判断，企业应当根据所处行业环境和经营特点，从业务事项的性质和涉及金额两方面来考虑是否及如何实行重点控制。

（三）制衡性原则

内部控制应当在治理结构、机构设置及权责分配、业务流程等方面形成相互制约、相互监督的关系，同时兼顾运营效率。制衡性原则要求企业完成某项工作必须经过互不隶属的两个或两个以上的岗位和环节；同时，还要求履行内部控制监督职责的机构或人员具有良好的独立性。

（四）适应性原则

内部控制应当与企业经营规模、业务范围、竞争状况和风险水平等相适应，并随着情况的变化加以调整。适应性原则要求企业建立与实施内部控制应当具有前瞻性，适时地对内部控制系统进行评估，发现可能存在的问题，并及时采取措施予以补救。

（五）成本效益原则

内部控制应当权衡实施成本与预期效益，以适当的成本实现有效控制。成本效益原则要求企业内部控制建设必须统筹考虑投入成本和产出效益之比。对成本效益原则的遵循需要从企业整体利益出发，尽管某些控制会影响工作效率，但会避免整个企业面临更大的损失。

二、内部控制的要素

借鉴 COSO 报告，我国《企业内部控制基本规范》将内部控制的要素归纳为内部环境、风险评估、控制活动、信息与沟通、内部监督五大方面。

（一）内部环境

内部环境是企业实施内部控制的基础，一般包括治理结构、机构设置及权责分配、内部审计、人力资源政策、企业文化等。其中，治理结构是重中之重，企业实施内部控制应先从治理结构入手。内部控制只有得到高层的充分重视，才能取得成果。如果主要领导人滥用职权，内部控制势必失效。内部控制是通过人来实施的，而企业文化则是企业的灵魂。内部环境是内部控制其他四个构成要素的基础，在企业内部控制的建立与实施中发挥着基础性作用。关于内部环境的具体内容将在第二章详细讲解。

（二）风险评估

风险评估是企业及时识别、科学分析经营活动中与实现控制目标相关的风险，合理确定风险应对策略，是实施内部控制的重要环节，主要包括目标设定、风险识别、风险分析和风险应对。企业必须制定与生产、销售、财务等业务相关的目标，建立辨认、分析和管理相关风险的机制，以了解企业所面临的来自内外的各种不同风险。在充分识别各种潜在风险因素后，要对固有风险和剩余风险进行评估；单位管理层在评估相关风险的成本效益之后，要选择一系列措施，采取相应的应对策略使风险处于期望的风险承受能力以内。关于风险评估的具体内容将在第三章详细讲解。

（三）控制活动

控制活动是指企业根据风险评估结果，采取相应的控制措施，将风险控制在可承受范围内。它是实施内部控制的具体方式，常见的控制措施包括不相容职务分离控制、授权审批控制、会计系统控制、财产保护控制、预算控制、运营分析控制、绩效考评控制等①。关于控制活动的具体内容将在第四章详细讲解。

（四）信息与沟通

信息与沟通是企业及时、准确地收集、传递与内部控制相关的信息，确保信息在企业内部、企业与外部之间进行有效沟通，是实施内部控制的重要条件。企业应当建立信息与沟通制度，明确内部控制相关信息的收集、处理和传递程序，确保信息及时沟通，促进内部控制有效运行。信息与沟通的要件主要包括信息质量、沟通制度、信息系统、反舞弊机制。关于信息与沟通

---

① 章艳. 现代企业财务管理与内部控制研究［M］. 长春：吉林出版集团股份有限公司，2022.

的具体内容将在第五章详细讲解。

（五）内部监督

内部监督是企业对内部控制建立与实施情况进行监督检查，评价内部控制的有效性，对于发现的内部控制缺陷及时加以改进，是实施内部控制的重要保证。从定义出发，内部监督主要有两个方面的意义：第一，发现内控缺陷，改善内部控制体系，保障企业内部控制的健全性、合理性；第二，提高企业内部控制实行的有效性。除此之外，内部监督也是外部监管的有力支撑。同时，内部监督机制可以减少代理成本，保障股东的利益。关于内部监督的具体内容将在第六章详细讲解。

第四节　内部控制的类型与局限

一、内部控制的类型

（一）按控制内容的不同划分

1. 基础控制

基础控制是指对企业生产经营活动赖以进行的内部环境所实施的总体控制，因而也称环境控制。它包括组织控制、人员控制、业务记录以及内部审计等内容。基础控制的特征是不直接作用于具体经营活动。

2. 应用控制

应用控制指的是那些直接影响到企业生产和经营活动的特定控制手段，因此，也被称为业务控制。基础控制构成了实施应用控制的基础，而应用控制则进一步深化了基础控制的实施。完善且高效的基础控制为应用控制的高效运作奠定了坚实的基石。正确地理解基础控制与应用控制之间的联系能够帮助审计人员提高对内部控制的评估效率。在对内部控制进行评估时，审计人员应首先对基础控制进行检查，以确定其是否为应用控制提供了充分的条件，其次决定是否需要进一步评估应用控制的效果。这种做法有助于降低审计测试的盲目性，减少不必要的劳动，并显著提升评估工作的执行效率。

（二）按控制目标的不同划分

1. 财产物资控制

财产物资控制是指企业为维护财产物资的安全性和完整性所实施的各项控制。

2. 会计信息控制

会计信息控制是指企业为保证会计凭证、账簿、报表等会计资料的可靠性和准确性所进行的各项内部控制。

3. 财务收支控制

财务收支控制是指企业为保证财务收支的合理性、合法性所采取的各项控制程序和控制措施。

4. 经营决策控制

经营决策控制是指企业为保证经营决策及方针政策的正确实施和有效执行所采取的各项控制程序和控制措施。

5. 经济效益控制

经济效益控制是指企业为保证其经济活动能够有秩序和高效率地进行所采取的各项控制程序和控制方法。

（三）按控制地位的不同划分

1. 主导性控制

主导性控制指的是那些为了达到某特定目标而首先执行的管理策略。在常态下，主导性控制能够避免错误，但如果存在缺陷，无法正常执行，那么必须立即采取其他的控制手段来补足这些缺陷。

2. 补偿性控制

补偿性控制指的是那些能够完全或部分补偿主导性控制缺陷的控制手段。主导性控制与补偿性控制的区分是基于可能出现的某种错误或特定的控制目标。因此，在某一特定情境下，一种控制呈现为主导性控制，而在其他情境下则为补偿性控制，反过来也是如此。明确区分主导性控制与补偿性控制能够帮助审计人员更准确和全面地评估内部控制机制。在对内部控制进行评估时，首要任务是确认主导性控制的完整性和有效性。如果这种完整性和有效性得到确认，那么内部控制系统就能有效地执行其控制功能。反之，还需要进一步探究是否存在补偿性控制，以及这种补偿性控制能在多大程度上弥补主导性控制的不足，以便更准确和全面地评估内部控制，并避免可能出现的误差。

（四）按控制功能的不同划分

1. 预防式控制

预防式控制是指为防止错误和非法行为的发生，或尽量减少其发生机会所进行的控制。它主要解决"如何能够在一开始就防止错误和舞弊的发生"这个问题。如限制接近、双人守库、印押证三分管等。

2. 侦察式控制

侦察式控制是指为及时查明已发生的错误和非法行为或增强发现错误和舞弊机会的能力所进行的各项控制。主要解决当错误和舞弊发生时应如何查明，如账账核对、实物盘点等。

（五）按控制过程的不同划分

1. 预先控制

预先控制是指企业为防止人力、物力、财力等资源在质和量上发生偏差而在行为发生之前所实施的内部控制。如申报专项费用前的审批行为。

2. 过程控制

过程控制是指企业在经营活动过程中针对正在发生的行为所进行的控制，如"四双"制度。

3. 结果控制

结果控制是指企业针对生产经营活动的最终结果而采取的各项控制措施，如指标真实性检查、任期责任稽核等。

二、内部控制的局限

出色的内部控制不仅可以帮助组织提升运营效益与效率、保证资产安全和财务报告的准确性，确保管理者能够实现自己的目标，但是即便内部控制在设计和执行上有其独到之处，也不能完全消除其本身存在的问题和局限，它无法做到无懈可击。

（一）制度设计的局限性

1. 成本限制

遵循成本效益的理念，企业内部控制设计和实施都涉及一定的成本，因此企业应该在选择控制点时，仔细权衡内部控制的利益与所需的费用，并采取科学且合适的策略来有目标、有方向地达到有效的控制效果。也就是说，企业的内部控制实施往往是为了在成本和效益之间找到平衡。内部管理控制的核心宗旨是为了助力企业实现价值增长；但如果一种控制策略所带来的利益无法补偿所产生的成本，那么应当考虑废止这种控制。在成本效益原则的制约下，内部控制始终聚焦于实现控制的核心目标，这不仅限制了内部控制体系的优化和构建，也让它难以实现最优化和完善的状态。

2. 例外事件

企业内部的控制重点在于企业日常的生产和经营过程中，特别是针对那些经常性的商务活动和事务。在真实的环境里，企业因外界环境的不断变革和复杂性，时常遭遇突发和意外的事件，这些特例因其独特和不可预测的特点，没有固定的规章制度作为约束，从而导致了内部监控方面的不足。换言之，公司内部的控制系统存在一个主要问题：它不能妥善处理例外情况。当面对这些特殊事件时，企业常常更加依赖于管理层所具有的丰富知识和经验，以及他们对周围环境变动的敏感感知，这便是通常所称的"例外管理原则"。

（二）制度执行的局限性

1. 越权操作

授权批准控制是实施内部控制制度的关键方法之一。授权批准控制赋予了不同组织级别的人员和部门不同规模的业务处理和决策权限。然而，当内部管理者的权力超越了内部控制制度本身的影响力时，管理层有可能越权进行操作。管理团队的越权操作带来的负面影响是巨大的，轻微的情况可能会干扰正常的工作流程和秩序，而严重的情况可能导致偏袒、违法或违规等严重问题。在实际操作环境中，管理层的越权行为也成了引发多起重大舞弊事件和导致财务报告失真的关键因素。

2. 串通舞弊

内部控制制度是基于内部制衡的思想而建立的，当涉及一项交易或事务时，两个或更多的人员或部门无意识地犯同样的错误的概率远远低于单一人员或部门；与一个人或一个部门相比，两个或更多的人或部门故意合作作弊的风险显著降低。内部控制制度要实现其控制目标，首先需要公司员工严格按照既定规则行事。其次如果员工之间存在合作舞弊或内部与外部的勾结，这将彻底破坏内部制衡的初衷，降低制度的效力，并可能导致内部控制机制的失效。

3. 人为错误

内部控制的构建和实施最终都是由人员来完成的，由于相关人员的经验和知识限制，可能会出现人为错误或因人为错误而导致的内部控制失效。另外，执行内部控制制度的工作人员如果因为疏忽、注意力分散、身体状况不佳或误读上级的指示，都可能导致内部控制制度的失效。

第四章
企业内部控制

第一节　企业内部控制的主体和客体

企业内部控制的主体是指谁实施企业内部控制，企业内部控制的客体是指企业对什么进行内部控制。所以，内部控制的主体和客体也就是解决谁实施控制和控制什么的问题。

一、企业内部控制的主体

企业内部控制的主体有广义与狭义之分。广义的主体包括对企业内部控制的需求主体和实施主体。需求主体是指谁对内部控制有需求，主要包括股东、潜在的投资者、管理当局、银行、供应商、其他外部利益相关者；实施主体是指谁会实施内部控制评价，包括企业董事会、监事会、经理层和全体员工。狭义的主体是指企业内部控制建设和实施的责任主体。本节讲的内部控制的主体是指狭义的企业内部控制主体。

实施内部控制首要的任务是明确内部控制的实施主体。如果不能清晰地确定内部控制主体，将影响内部控制效率效果，容易造成管理缺位或管理混乱，建立和实施风险应对机制也就无从谈起。《企业内部控制基本规范》对企业内部控制的实施主体做出了基本规定："董事会负责内部控制的建立健全和有效实施。监事会对董事会建立与实施内部控制进行监督。经理层负责组织领导企业内部控制的日常运行。企业应当成立专门机构或者指定适当的机构具体负责组织协调内部控制的建立实施及日常工作。"内部控制的主体主要包括董事会、管理层和其他人员。按照组织层次划分，内部控制的主体可分为高层主体、中层主体和基层主体，它们在企业内部控制中的职责如表4-1所示。

表 4-1　企业内部控制的主体及其职责

主体		职责
高层主体		高层主体由一个组织副职以上的管理者组成。对企业来说，高层主体包括董事会、监事会、经理层
	董事会	就内部控制而言，董事会负责内部控制的建立健全和有效实施，对股东（大）会负责，对内部控制责任进行委托，对整个公司内部控制的有效性负有最终责任，包括对各个委员会负责的内部控制进行监督报告与审阅评价、对风险管理进行督导与调整等
	监事会	对董事会和经理层的内部控制职责履行情况进行监督
	经理层	具体负责内部控制的建立和实施
中层主体		中层主体是组织内部各单位、各部门的负责人，他们需要对本单位、本部门内部控制的建立健全和有效实施负责。 职责如下： （1）负责本单位、本部门的内部控制建立 （2）本人带头执行本单位、本部门的内部控制，并监督检查本单位、本部门其他人员执行内部控制 （3）组织本单位、本部门的内部控制自我评价 （4）负责本单位、本部门的内部控制缺陷整改 总体来说，中层主体在内部控制各环节都要承担责任
基层主体		基层主体包括各岗位的普通员工，他们不需要对内部控制建立承担责任。职责如下： （1）执行本岗位相关的内部控制 （2）对本岗位相关的内部控制进行自我评价，及时发现内部控制缺陷并报告上级 （3）协助对本岗位相关的内部控制缺陷进行整改 总体来说，基层主体在内部控制执行、内部控制评价这些环节要承担责任

　　尽管不同的管理级别有着不同的内部控制责任和职能划分，但是在企业的内部控制体系中，他们采取的行动应该是互相配合的。总经理根据法定职权、企业章程和董事会的授权，负责组织领导本企业内部控制的正常运行。总会计师（或者财务总监、分管财务会计工作的负责人）在董事长和总经理的领导下，主要负责与财务报告的真实可靠、资产的安全完整密切相关的内部控制的建立、健全与有效执行[①]。

---

① 郑洪涛，张颖. 企业内部控制［M］. 4版. 沈阳：东北财经大学出版社，2018.

二、企业内部控制的客体

企业内部控制的客体也称内部控制对象，是指内部控制的最终指向物，也就是内部控制的主体通过一定的程序和方法作用的对象。在一个组织中，内部控制对象主要是指纳入控制过程和范围的财产、交易和信息。此外，一个组织的控制应该是全面和统一的控制，基于组织中的各个层次，如企业的部门、车间、班组、各个岗位等也是控制的对象；财产、交易和信息相互组合，形成组织内不同的业务阶段和业务内容（研发、生产、采购、销售等）的交易循环。据此，企业内部控制的客体可以概括为财产、信息和交易循环。

明确企业内部控制的客体，有助于确定内部控制目标，指导内部控制实践，有效地发挥内部控制的作用。

（一）财产

作为企业内部控制客体的财产，是指组织占有的、能够带来经济利益的资源。它不仅包括具有经济价值和实物形态的物品、货币和有价证券，还包括智力成果、精神（或知识）财富。财产不完全等同于资产，资产强调拥有或控制，而享有财产的最低标准是"使用"。以企业经营租入设备为例，会计并不将其确认为资产，然而，从企业拥有其使用权的角度讲，该设备属于企业的资源，应当纳入企业内部控制对象中。

（二）信息

信息，泛指各种情报、资料、消息和数据[①]。与企业内部控制对象相关的信息主要包括会计信息、统计信息。作为企业内部控制客体的信息具有三个特性：信息系统中自身流程的合理性；信息记录内容、格式以及记录流转程序的合理性；具有畅通的特殊信息沟通渠道。

---

① 郑石桥. 经济违规学 [M]. 太原：山西经济出版社，2023.

（三）交易循环

交易循环是以企业基本业务流程为基础的财产交易和信息的有机组合。

通常主要包括货币资金、实物资产、对外投资、工程项目、采购与付款、筹资、销售与收款、成本费用、担保等经济业务。一般而言，制造业企业的业务循环主要包括：销售与收款循环；购货与付款循环；生产循环；筹资与投资循环。

需要进一步说明的是，企业内部控制过程是企业内部控制的主体和客体相互作用的过程。因此，企业内部控制的主体和客体是不能孤立存在的，双方相互依存，如果失去一方，另一方就不能存在。在内部控制活动中，企业内部控制的主体和客体不是绝对划分的，在一定条件下会发生角色与职责的相互转换。

第二节　企业内部控制的目标

一、企业内部控制目标的内涵

企业内部控制目标，是指企业开展内部控制活动想要达到的状态和标准，它为企业及其内部职工开展内部控制活动指明了方向，引导企业全体成员按目标统一行动。所以，有人把内部控制目标的这一作用比喻为内部控制集体活动的"北斗星"。同时，企业内部控制目标也为企业管理经济活动、制定和实施内部控制标准提供了依据，内部控制的方法、程序和措施都以内部控制目标为基础。企业内部控制目标不仅是企业内部管理人员制定决策方案的出发点，也是考核管理决策制定和执行工作优劣的尺度；外部审计人员或社会中介机构也把企业内部控制目标作为评价内部控制系统有效性的重要依据。

《企业内部控制基本规范》规定的企业内部控制的目标包括：一是合理保证企业经营管理合法合规；二是维护资产安全；三是保证财务报告及相关信

息真实完整；四是提高经营效率和效果；五是促进企业实现发展战略。企业内部控制目标的确定，一方面可以使与企业相关的部门、单位或个人专注于内部控制的不同方面，分清不同部门或个人的直接责任；另一方面有助于区分各类内部控制的预期结果。

企业内部控制目标可分为基础目标和非基础目标两部分。

二、企业内部控制基础目标

（一）保证企业经营管理合法合规

保证企业经营管理合法合规的目标简称"合规性目标"，是指内部控制要合理保证企业经营活动符合国家法律法规的要求，严禁违法经营、非法获利。制定合规性目标是为了防范违反法规的风险和损失。市场经济是法治经济，在法制的框架下市场才能有序运行，企业才能安全、高效发展。守法是企业长期生存和健康发展的基石，逾越法律底线获得短期发展，终究会付出沉重代价。企业内部控制要求企业的发展必须在法律法规与制度框架之内，在法律允许范围内开展经济活动，严禁违法经营。同时，内部控制系统能够有效地将法律法规的内在要求嵌入控制活动和业务流程中，及时化解经营活动中的违规风险，促进企业可持续发展。

合规性目标与企业适用的法律法规有关，旨在合理保证企业的经营行为符合适用的法律法规，是企业内部控制最基础的目标。

（二）维护资产安全和完整

维护资产安全和完整的目标简称"资产目标"，是指预防和控制资产管理过程中的风险和损失。资产一般是指企业、单位的货币资金、重要单据（支票、汇票、合同等）、股票、债券等有价证券。资产目标是企业对商品、产品以及其他重要的实物资产的安全和完整进行的保护，它是企业实现经营目标的物质前提。资产管理混乱，就可能导致有些资产被盗或被占为私有，或者被滥用、损坏。企业通过设定内部控制目标，利用企业内部控制系统，结合风险评估，实施有效的控制措施，主要达到三个方面的目的：一是确保资产在使用价值上的完整性，防止资产被挪用、转移、侵占、盗窃；二是确保资产在价值上的完整性，即防止资产被低价处置，损害企业利益；三是通过维护资产安全和完整，充分发挥资产效能，提高资产管理水平。

（三）保证财务报告及相关信息真实完整

保证财务报告及相关信息真实完整的目标简称"报告目标"，是指企业内部控制要合理保证包括财务报告在内的各种经营信息的真实、完整、准确。真实完整的财务报告及相关信息是与企业有利益关系的各方进行决策的重要依据。这些信息反映了企业的过去与现状，并可预测企业的未来发展，有助于投资人进行投资决策、债权人进行信贷决策、管理者进行管理决策和宏观调控。同时，财务报告及相关信息反映了企业的经营业绩，乃至企业的价值增值过程[①]。财务报告作为社会公共产品，其真实完整体现了企业履行的社会责任。

事实上，控制和信息是密不可分的，决策导向的信息受限于内部控制，没有完备的内部控制便不能保证信息的质量。通过健全、完善的内部控制，可以保证财务报告及相关信息真实完整。

三、企业内部控制非基础目标

（一）提高经营效率和效果

提高经营效率和效果的目标简称"经营目标"。这个目标有两方面含义：一是与企业宗旨有关。企业是营利性组织，获利是其出发点和归宿，而企业能否获利往往直接取决于经营效率和效果，所以经营目标是内部控制要达到

---

① 陈维青，胡本源. 企业内部控制学 [M]. 3 版. 沈阳：东北财经大学出版社，2022.

的核心目标。二是经营目标与企业资源利用的有效性及其效率有关。所有的企业都是在一个资源有限的环境中运作的，一个企业实现其目标的能力取决于其能否以低廉的成本取得高质量的资源（经济性），并对资源进行合理配置，避免不必要的工作和浪费（效率）。同时，资源的稀缺性会随着时间的推移而变化，企业只有实现对资源的优化配置以及高效、高质量使用资源，才能保证企业实现可持续发展。因此，提高经营效率和效果是企业发展所追求的永恒主题。

实施有效的企业内部控制，可以通过一系列的控制手段和方法，提高企业经营活动的效率和效果。例如，通过明确企业内部各个层次之间的权责利关系，充分有效地使用资源，提高经营绩效；通过优化业务流程，提高经营效率；通过建立畅通的信息与沟通体系，提高决策和反馈效率；通过构建完善的绩效考核机制，激励职工提高工作效率。

（二）促进企业实现发展战略

促进企业实现发展战略目标简称"战略目标"，它是企业内部控制的最高目标和终极目标。在企业管理领域，发展战略是企业在对现实状况和未来趋势进行综合分析和科学预测的基础上，制定并实施的长远发展目标与战略规划。其中，长远发展目标是企业未来发展方向和奋斗目标，如企业产品的发展方向、企业生产的发展规模、企业技术发展水平和技术改造方向等；战略规划是指对企业未来具有重大的、全局性的、前瞻性任务的谋划。对任何组织而言，没有发展战略就意味着没有了方向。因此，在企业内部控制的系列目标中，促进企业实现发展战略是企业内部控制最高层次的目标。究其原因，一方面，企业内部控制最终所追求的是如何通过强化风险管控使企业实现发展战略；另一方面，实现企业发展战略必须以建立和健全内部控制体系作为保证。

在企业内部控制的五个目标中，战略目标与其他目标是统领与被统领的关系。战略目标统领其他目标，其他四个目标服从并服务于战略目标。企业内部控制的五个目标不是彼此孤立的，而是相互联系，共同构成一个完整的内部控制目标体系。其中，战略目标是最高目标，是与企业使命相联系的终极目标；经营目标是战略目标的细化、分解与落实，是战略目标的短期化与具体化，是内部控制的核心目标；资产目标是实现经营目标的物质前提；报告目标是经营目标的成果体现；合规性目标是实现经营目标的有效保证。

第三节　企业内部控制的要素

企业内部控制要素是组成内部控制系统的基本元素或单元，这些要素构成了企业内部控制的内容。《企业内部控制基本规范》规定企业内部控制包括内部环境、风险评估、控制活动、信息与沟通、内部监督五个相互关联的要素。这五要素构成了完善的内部控制系统，五要素贯穿于企业内部控制全过程，缺少任何一个要素都将影响内部控制的质量。

一、内部环境

内部（控制）环境，是指为在企业中实施内部控制提供基础的一套标准、流程和结构，它为内部控制的实施奠定基础。《企业内部控制基本规范》规定，内部环境是企业建立与实施内部控制的基础。内部环境的作用是提供企业纪律与架构，塑造企业文化，并影响企业员工的控制意识。内部环境一般包括治理结构、机构设置及权责分配、内部审计、人力资源政策、企业文化等。企业内部环境影响着企业内部控制的方方面面，是内部控制其他四个要素的基础，在企业内部控制建立与实施中发挥着基础性作用。如果没有良好的内部环境，现代企业内部控制将形同虚设。

二、风险评估

《企业内部控制基本规范》指出，风险评估是企业及时识别、系统分析经营活动中影响内部控制目标实现的相关风险，合理确定风险应对策略。企业要生存发展，就必然要面对来自企业内外部的种种风险。在内部控制中，风险通常是指未来的不确定性对企业实现其经营目标的影响。或者说，风险是指某一事件发生会对组织实现其目标产生负面影响的可能性。企业内部控制风险影响内部控制功效发挥或导致内部控制失效，如天灾、盗窃、市场竞争激化、外汇和资源行情的变动等外部因素；信息系统故障及不合理、会计处理发生错误和不当行为、个人信息及重要的商业信息流失或泄露等内部因素。导致企业内部控制风险的因素是多方面的，主要包括内部控制执行不力、治理结构不完善、信息和沟通问题严重、监督不到位等。

三、控制活动

控制活动，是指企业通过政策和程序所确立的行动，旨在协助企业管理层落实降低影响目标实现的风险的方针。《企业内部控制基本规范》指出，控制活动是企业根据风险评估结果，采用相应的控制措施，将风险控制在可承受度之内。企业应当结合风险评估结果，通过手工控制与自动控制、预防性控制与发现性控制相结合的方法，运用相应的控制措施，将风险控制在可承受范围之内。控制措施一般包括：不相容职务分离控制、授权审批控制、会计系统控制、财产保护控制、预算控制、运营分析控制、绩效考评控制等[①]。

四、信息与沟通

信息与沟通，是指企业及时、准确、完整地收集整理与企业经营管理相关的各种内外部信息，并借助信息技术，促使这些信息以恰当的方式在企业各个层级之间进行及时传递、有效沟通和正确使用的过程。

信息与沟通贯穿于内部控制体系的内部环境、风险评估、控制活动、内部监督四个基本要素，同时是这四个基本要素的重要工具，为企业内部控制的有效运行提供信息保证，从而有助于提高企业内部控制的效率和效果。

---

① 章艳. 现代企业财务管理与内部控制研究［M］. 长春：吉林出版集团股份有限公司，2022.

五、内部监督

内部监督是企业内部控制得以有效实施的机制保障，其旨在评估内部控制要素及相关原则是否存在并持续运行。作为评估企业内部控制体系在一定时期内运行质量的监督活动，内部监督是由企业各层级员工共同参与实施的完整系统。不论是内部控制的建立与实施，还是内部控制系统的评价与报告，均离不开内部监督。监督方式可以通过持续监督活动、个别评价或两者的结合来实现。持续监督发生在企业经营过程之中，包括日常管理和监控活动，以及员工在履行他们的职责时采取的其他行动。通过监督活动帮助董事会及经理层预防、发现和整改内部控制设计与运行中存在的问题和薄弱环节，以便及时加以改进，确保内部控制体系有效运行。需要说明的是，受成本效益原则制约，内部监督只能为企业内部控制有效性的合理评价提供支持。

第四节　企业内部控制的原则

企业内部控制原则是企业建立和实施内部控制应当遵循的基本标准。它为企业内部控制指明方向，约束内部控制行为，是保证内部控制质量的依据。关于企业内部控制原则，强调以下四点：第一，企业内部控制原则是内部控制概念框架体系的重要组成或理论单元，它源于企业长期内部控制实践，具有客观性。第二，企业内部控制原则是企业从事内部控制活动应遵循的行动准则，但它不具有法律那样的强制力。第三，企业内部控制原则是能指引企业正确选择和运用内部控制的程序和方法。第四，企业内部控制原则会根据社会经济结构的变革、企业管理要求的变化等不断修订和完善。

一、全面性原则

全面性原则强调企业的内部控制应当贯穿决策、执行和监督全过程，覆盖企业及其所属单位的各种业务和事项。企业内部控制是一个全员控制、全程控制和全面控制的控制系统。千里之堤，溃于蚁穴，企业建立和实施内部控制应当避免存在盲区，一定要将相关控制渗透到管理决策、执行、监督等各个环节，实现全员、全程、全面控制。

（一）全员控制

全员控制，是指内部控制需要企业全体成员的参与，并渗透到每个基层员工、中层部门经理、高层领导、董事会等各部门和人员，他们既是施控主体，又是受控主体。企业的活动是由人实施的，内部控制的政策和程序是由人执行的，因此内部控制效果由全员决定和承担。企业内部控制应由董事会、监事会、经理层和全体员工实施，以保证内部控制目标的实现。

（二）全程控制

全程控制，是指内部控制需要对企业整个经营管理活动过程进行全面的控制。内部控制范围包括企业经营管理、资产安全、财务报告及相关信息、经营效率和效果以及企业发展战略。全程控制既涉及管理部门授权与指导供、产、销等生产经营管理的方式，也包括报告核算、分析、检查各种信息的程序。同时，企业内部控制与企业法人治理、企业风险管理和战略管理相互作用，兼顾企业长期规划与短期目标、战略目标与经营目标。全程控制必须将内部环境、风险评估、控制活动、信息与沟通、内部监督这五要素落实完善到位。

（三）全面控制

全面控制，是指企业内部控制必须全面规范企业的各项经营活动，使得企业业务活动的各个方面都有章可循，形成一个完整的、相互补充、相互协调的内部控制制度体系。

二、重要性原则

重要性原则是指企业内部控制应当在全面控制的基础上，关注重要业务事项和高风险领域。

重要性原则要求企业内部控制在兼顾全面的基础上，格外关注重要业务事项和高风险领域。建立与实施内部控制应当突出重点、兼顾一般，着力防范可能对企业"伤筋动骨"的重大风险。在内部控制过程中做出重要性判断时，企业必须从单项和总体两方面考虑。企业要单独考虑每一事项的重要性，但同时也要注意若干不重要的事项加总后可能形成重要事项。应用重要性原则需要进行一定的职业判断，企业应当根据所处行业环境和经营特点，从业务事项的性质和涉及金额两方面来考虑是否及如何实行重要性控制。

三、制衡性原则

制衡性原则是指企业内部控制应当在治理结构、机构设置及权责分配、业务流程等方面相互制约、相互监督，同时兼顾运营效率。

相互制衡是建立和实施企业内部控制的核心理念，更多地体现为不相容机构、岗位或人员的相互分离和制约[①]。可以从横纵两个方面理解相互制衡：一是横向完成某个环节的工作需由彼此独立的两个部门或人员协调运作、相互监督、相互制约、相互证明；二是纵向完成某个工作须经过上下两个或两个以上等级的岗位和环节，并且要求下级受上级监督，上级受下级牵制。具体而言，制衡性原则主要体现在以下四个方面。

第一，在公司治理层面，内部控制要形成股东（大）会、董事会、监事会和经理层之间的制衡关系。

第二，在经营层面，一般情况下是在业务组织机构设置及权责分配、业务流程上将责任落实到个人，对于涉及不相容职务的经济业务都应严格加以

---

① 李俊忠. 公立中医医院内部控制流程与标准建设［M］. 成都：四川科学技术出版社，2021.

分离、相互牵制。否则，可能会导致滥用职权或串通舞弊，给企业经营发展带来重大隐患。

第三，对内部控制进行监督、检查、评估的部门或人员要有独立性。

第四，制衡必须以各部门、各方面人员相互配合为前提，要统筹兼顾、相互协调，不能影响效率。

四、适应性原则

适应性原则是指企业内部控制体系应当与企业经营规模、业务范围、竞争状况和风险水平等相适应，并随着情况的变化及时加以调整。一是企业内部控制的建立和实施要考虑部门规模和管理模式，企业制定战略目标要顺应社会环境的现实，进行风险管理须随时应对竞争环境挑战，以促进企业可持续发展；二是内部控制的内容应与企业的内外部环境及其变化相适应，应体现企业经营规模、业务范围、业务特点及风险状况等方面的控制要求；三是企业要依据环境和内外部条件随机应变，灵活采取相应的、适当的内部控制方法；四是企业应当在保持稳定的基础上，根据内外部环境的变化，不断对内部控制加以优化和改进。

五、成本效益原则

成本效益原则是指企业内部控制活动应以成本效益原则作为指导思想。在市场经济条件下，企业追求最大的经济效益是其一切经营活动的主题。企业的内部控制活动也不例外。成本效益原则中的成本，是指拟实施的内部控制所耗费的各种资源，比如内部控制建设、运行以及维护过程中的资源耗费所确认的设计成本、实施成本、评价成本和其他成本等；效益则是指以合理的资源（成本）投入达到的控制目标及实现程度，如合理保证企业经营管理合法合规、资产安全、财务报告及相关信息真实完整，提高经营效率和效果，促进企业实现发展战略等。成本效益不是指经济效益的高低，而是指企业在占有一定资源的前提下如何在合理的时间内，以合理的成本投入，达到预期的内部控制目标。

对一个企业的内部控制来说，成本效益原则可以理解为当企业运用某内部控制系统时，必须保证实施此项控制所引起的成本增加小于其所带来的效益增加。企业之所以要努力降低内部控制成本，是为了避免给企业带来负面影响或损失，确保企业的效益。

在成本效益原则中，企业内部控制成本具有现实性、确定性，对企业效益的影响也是直接的，而其对企业收益的影响具有间接性、长远性以及社会性。为此，企业应从可持续发展整体层面和具体业务层面权衡利弊，分析确定内部控制成本与效益之间的关系，并对内部控制的程序和方法进行取舍，选择恰当的内部控制措施。

企业内部控制的五项原则对企业内部控制建设提出了总体性的要求，形成了一个完整的体系，既体现了牵制与制衡，又体现了全方位、全过程的控制以及动态适应性的要求。

第五节　企业内部控制的措施

控制活动被视为企业在面对各种风险时的关键内部管理元素，通过整合风险评估数据，并采取针对性的措施，确保风险控制在一个可接受的水平，这样可以让企业的管理团队真正实施和实施风险管理策略和流程。该功能主要是减少或抑制风险发生的可能性和减缓风险之后可能产生的损失。企业内部管理的行动往往是以各种控制手段作为主要的工作焦点或焦点。企业内部控制措施一般包括：不相容职务分离控制、授权审批控制、会计系统控制、财产保护控制、预算控制、运营分析控制和绩效考评控制等。

一、不相容职务分离控制

所谓不相容职务，是指那些当一个人担任时，可能会出现错误和舞弊行为，同时也可能掩盖其错误和舞弊行为的职务。不相容的职务通常涵盖了授

权批准与业务经办、业务经办与会计记录、业务经办与财产保管、会计记录
与财产保管、业务经办与稽核检查等多个方面。

对于那些不相容的职务，只要不采用分离的策略，就很容易涉及不正当
或其他违法行为。如果某个人同时承担现金的收款和应收账款的会计记录任
务，可能会采用注销应收账款和截留应收账款的手段，从而非法转移现金；
除了审查购买订单，还负责货物的收集，有时甚至代表组织为个人采购物品，
并可能利用职位优势在接收时占有某些物品；该机构还同时负有支付审查、
商品订单签发和核验的责任，这可能导致伪造购货流程、支付货物款项，并
在其中进行现金挪用。

不相容职务分离控制，要求企业全面系统地分析、梳理业务流程中所涉
及的不相容职务，实施相应的分离措施，形成各司其职、各负其责、相互制
约的工作机制[①]。

"内部牵制"是不相容职务分离的关键所在。因此，在企业构建内部控制
系统的过程中，一方面，需要明确哪些职位与其职责是不兼容的；另一方面，
需要清晰地定义各个机构和职位的职责和权限，确保不兼容的职位和职责能
够互相监督和制约，从而建立一个有效的平衡机制。如果由于资源的限制或
其他原因不能实现职务的不相容分离，那么企业应当考虑采用如抽查交易文
件、定期进行资产盘点等替代的控制手段。

不相容职务分离控制具体内容如下：① 授权进行某项经济业务的职务和
执行该项经济业务的职务分离，如有权决定或审批材料采购的人员不能同时
兼任采购员职务。② 执行某项经济业务的职务和审核这项经济业务的职务分
离，如填写销货发票的人员不能兼任审核人员。③ 执行某项经济业务的职务
和记录该项经济业务的职务分离，如销货人员不能同时兼任会计记账工作。
④ 保管某些财产物资的职务和对其进行记录的职务分离，如会计部门的出纳
员与记账员分离，不能兼任。⑤ 保管某些财产物资的职务和核对实存数与账

---

① 李国有. 经济责任审计常用定性表述及适用法规导引［M］. 北京：中国时代经济出版社，2020.

存数的职务分离，不能兼任。

二、授权审批控制

（一）授权与授权审批控制的内涵

通常而言，授权是一个过程，它使企业、组织或个人承担法律义务的权力从某人通过正式书面形式转移到另一个人身上。授权是一种授权方式，其中权力在组织内被统一分配，将一部分权力和相应的职责赋予其直接隶属的人或者其他部门、员工，其核心特性是决策权的分权和职责的重新分配。

授权审批控制意味着企业在进行各种经济活动时，都必须遵循既定的程序进行授权和批准，以实现有效的管理。在采用公司制的企业环境中，股东（大会）通常会将权力授权给董事会，随后董事会将进一步授权给企业的总经理以及相关的管理人员。在企业的各个层级中，管理人员不仅是上级管理人员的授权对象，同时也是向下级管理人员授权的主体。授权审批控制的核心思想是明确企业内部各个经济活动岗位在处理业务和事务时的权限边界、审批流程以及相应的责任。其主要目标是确保相关人员能够根据自己的职责和权限进行业务活动，并确保审批人员能够按照授权的范围和程序完成业务审批。这样做是为了防止相关人员在没有得到授权的情况下行使权力或进行经济活动，同时也防止审批人员超出他们的授权范围进行业务审批。

在工作人员从事某一活动未经授权核准的情况下，舞弊发生的可能性就会显著降低。如有人未经许可擅自进入贵重物品保险库时，保险库内的物品不会被盗。如有人未经授权审批核准购买，个人自用物品不能订货，企业不会支付。相反，企业的工作人员若不进行授权审批的管控，那么他们进行舞弊的机会就会大大增加。

授权审批控制对企业的影响主要表现为三个方面：

第一，企业所有人员未经授权，不能行使相应权力；

第二，企业的所有业务未经授权不能执行；

第三，对于审批人超越授权范围的审批业务，经办人员有权拒绝办理，并向上级授权部门报告。

授权审批这一控制程序具有多种形式：密码授权批准某人使用电脑和接触特定的数据库，印鉴卡授权批准某人进入贵重物品保险库、兑现支票或履行其他职能，费用限额则授权批准某人在预算或经同意的额度内花费公款。

（二）授权审批的形式

授权审批的形式通常有常规（一般）授权和特别授权。

1. 常规授权

常规授权是企业对从事日常经营管理活动的人员按既定职责与程序所实施的用于调节经济业务发生的权限、条件及相关责任者的许可，通常具有较长的时效性。常规授权具体地说有两种类型：一种是基本授权，另一种是岗位授权。所谓基本授权，就是对某一个单位或者某一个部门，赋予其事务决策、人事任免或者财务审批权；岗位授权就是按照特定业务管控要求在内部控制流程中的关键环节细化实施基本授权，并明确对应实施人员的权限与职责。

2. 特别授权

特别授权是企业处理例外非常规性交易事项所应具备的职权、条件及应承担的职责等特殊场合和特定条件。区别于常规授权，特别授权以一些例外经济业务为客体，仅涉及办理经济业务的特定条件和相关特定人。这些例外情况下的经济业务通常都属于个别和特殊情况，通常并不存在既有的规划、体制等标准作为基础，需结合具体情况具体分析和研究。

特别授权是对非正常业务处理的授权，具有无连续性授权或为一次性授权之特征，一旦业务完成，授权也就自行撤销。

（三）授权审批控制的内容

授权审批控制的内容一般包括以下几条。

（1）授权批准的范围。授权批准的范围通常包括企业所有常规性业务活动，从业务的预算编制、执行、业绩报告到事后的考核等，均应授权相关岗位人员办理。

（2）授权批准的层次。企业应当根据经济业务的重要性和金额大小确定不同的授权批准层次。

（3）授权批准的责任。企业应当明确被授权者在履行权利时应当对哪些具体业务负责，避免授权责任不清，出现问题后无法追究责任的情况发生。

（4）授权批准的程序。企业应规定每一类经济业务的审批程序，以便按照程序办理审批，避免越级审批或违规审批。

（四）授权审批控制的要求

企业须制定授权审批体系并制定常规授权权限指引，对特别授权范围、权限、流程、职责等进行规范，对特别授权进行严格管控。企业对重大业务、事项实行集体决策审批或联签制度，个人不得独自决策、擅自改变。对授权审批的控制，应当满足下列基本条件：

第一，要明确一般授权与特别授权的界限和责任；

第二，要明确每类经济业务的授权审批程序；

第三，要建立必要的检查制度，以保证经授权后所处理的经济业务的工作质量。

三、会计系统控制

会计系统是对经济业务事项进行确认、计量、记录与报告的财务信息系统。会计系统控制是指以会计系统为载体进行控制活动。按照《企业内部控制基本规范》的规定，会计系统的控制要求企业严格遵守国家统一的会计标准制度，并加强会计基础工作，明确会计凭证、会计账簿、财务会计报告等处理流程，建立健全会计档案保管与会计工作交接方法，落实会计人员岗位责任制度，发挥会计监督职能。

会计系统按照服务对象可分为财务会计和管理会计，它们都是企业内部控制的重要组成部分。

（一）财务会计控制

财务会计控制是指通过确认、计量、记录、报告企业所发生的一切经济业务的活动。在会计工作分工方面，通过依法设立会计机构、配备会计从业人员、建立会计工作岗位责任制等措施，科学、合理地划分会计人员之间的职责，从而互相监督、互相制约以达到控制目的。就财务会计程序而言，各个环节均得到有效的控制。

（二）管理会计控制

管理会计主要是为企业内部管理所需服务，它是一种通过运用有关信息并整合财务及业务活动来对企业的计划、决策、控制及考核起着重要作用的工具。管理会计强调"创造价值"，贯穿于整个企业管理过程中，其内容主要包括控制与计划两个方面。就控制而言，有明确的控制标准和方法（存货控制、预算控制和标准成本控制），针对控制标准进行比较、评判，及时剔除不合法、不经济的行为因素，及时修正。计划就是对将来的事务与行为进行筹划，它属于一种反馈控制系统。反馈实际上就是面向未来进行调控，它以基本会计信息和分析、预测信息作为媒介，对信息进行一系列分析和加工，来调节和调控未来的决策和行为。所以可以这样认为：管理会计所有内容与方法均属控制范围或者来源于控制需要。

四、财产保护控制

保护财产安全是内部控制的重要目标之一。财产保护控制要求企业建立财产日常管理制度和定期清查制度，采取财产记录、实物保管、定期盘点、账实核对等措施，确保财产安全。

从广义上说，财产保护控制包括对企业实物的采购、保管、发货及销售等各个环节。财产保护控制的措施主要包括以下内容。

（1）财产记录和实物保管。关键是要妥善保管涉及财产的各种文件资料，避免记录受损、被盗、被毁。对重要的文件资料，应当留有备份，以便在遭受意外损失或毁坏时重新恢复，这在计算机处理条件下尤为重要。

（2）定期盘点和账实核对。它是指定期对实物资产进行盘点，并将盘点结果与会计记录进行比较。盘点结果与会计记录如不一致，说明资产管理上可能出现错误、浪费、损失或其他不正常现象，应当分析原因、查明责任、完善管理制度。

（3）限制接近。指严格限制未经授权的人员对企业财产的直接接触，只有经过授权批准的人员才能接触该资产。限制接近包括限制对资产本身的接触和通过文件批准方式对财产使用或分配的间接接触。一般情况下，对货币资金、有价证券、贵重物品、存货等变现能力强的财产必须限制无关人员的直接接触。

五、预算控制

预算可以被描述为未来某一时间段内以数字方式制定的计划，或者更准确地说，它是实现企业经营目标的具体、量化的步骤。这是一份关于未来企业在特定时间段内在经营、资本、财务等多个方面的收入、支出和现金流动的全面规划。公司的预算可以被划分为经营预算、专项决策预算以及财务预算。

预算控制就是为本单位的一切经济业务制定周密的预算或方案，经授权后由相关部门负责预算或方案的实施。预算控制旨在通过建立系统性预算审批流程来协调有关各方的工作及相关营运活动、分析实际结果和预算之间的差异、对负责方进行恰当反馈等手段来保证预算目标得以完成。预算控制最根本的要求是：第一，编制的预算要反映本单位经营管理目标和明确责任；第二，预算的执行，应允许经授权批准的预算调整，使其更符合实际情况；预算的执行情况应按时或经常地予以反馈。

六、运营分析控制

运营分析的目的是对公司内部的各种业务和不同机构的运营状况进行独立或综合的评估，从而更好地了解公司的运营效率和成果，并为持续的运营改进和调整打下坚实的基础。

运营分析控制指的是企业通过建立一套全面的运营情况分析体系，整合生产、购销、投资、筹资和财务等多方面的信息资源，运用因素分析、对比分析和趋势分析等多种方法，定期进行运营情况的深度分析，以便及时发现和解决存在的问题，并找出其根本原因并进行相应的改进。

企业可以通过财务会计资料、经营管理资料、调研报告等渠道获取内部信息；可以通过行业协会、中介机构、市场调查以及有关监管部门等渠道获取外部信息。

（一）因素分析法

因素分析法是一种基于财务指标与其背后驱动因素的相互关系，从数量角度来量化各个因素对指标影响程度的研究方法。这一方法将财务指标拆分为多个可量化的变量，并依据这些变量之间的相互依赖性，逐一用各变量的相对数值（通常是实际数值）来替换基准值（通常是历史数据、标准数值或预先设定的数值），以此来量化这些变量对财务指标的具体影响。由于在分析过程中需要逐一对各个因素进行有组织的替换，这种方法因此也被称作连环替代法。

因素分析法一般分为以下四个步骤：

第一，确定分析对象，即确定需要分析的财务指标，比较其实际数额和标准数额（如上年实际数额），并计算两者的差额；

第二，确定该财务指标的驱动因素，即根据该财务指标的内在逻辑关系，建立财务指标与各驱动因素之间的函数关系模型；

第三，确定各驱动因素的替代顺序；

第四，按顺序计算各驱动因素脱离标准的差异对财务指标的影响。

（二）对比分析法

对比分析法是一种通过比较实际数和基数来揭示两者之间差异的分析手段，以便更好地了解经济活动的表现和存在的问题。对比分析方法可以进一步细分为绝对数的对比和相对数的对比两大类。其中，绝对数的比较是一种通过使用指标的绝对数来进行比较并识别差异的手段。这个方法主要是通过比较和分析反映企业某方面财务指标的绝对值，从而准确地确定财务指标的变化趋势。相对数比较是一种通过两个相互关联的指标（数值）进行比较和计算的方法，其目的是全面反映客观现象之间的数量关联程度，而这些数值通常以相对数的形式呈现。鉴于研究的目标和比较基准的差异，相对数主要包括结构相对数、比例相对数、比较相对数、计划完成程度相对数和动态相对数等几种。

（三）比率分析法

比率分析法是一种通过比较某些相互关联的项目来计算比率，并据此来评估经济活动波动程度的分析手段。通过使用这一方法，我们可以将在特定条件下的不可比性指标转化为可供比较的指标，从而更便于后续的分析工作。

七、绩效考评控制

根据《企业内部控制基本规范》的要求，企业应建立和实施绩效考评制度，科学设置考核指标体系，对企业内部各责任单位和全体员工的业绩进行定期考核和客观评价，将考评结果作为确定员工薪酬以及职务晋升、评优、降级、调岗、辞退等的依据。

（一）绩效考评的内涵

"绩效考评"一词是由"绩效""考核"与"评价"三个词复合而成的概念。

　　绩效是对业绩和效率的综合描述，它涵盖了行为的流程和结果这两个方面。绩效描述的是一个组织或个体在特定时间段内的投入与产出的效率和表现。在这里，企业的投入涵盖了人力、财力、物力、时间和信息等多方面的资源，而产出则关注于工作任务和目标在数量和质量上的完成状况。绩效通常包含两个方面的意义：第一是任务完成的完整流程，这与某一特定时间段的录像有相似之处；第二是任务完成后的效果，这与最后时刻的快照相似。所以，任务的完成是否满足了我们的预期目标，这意味着我们需要对绩效进行评估。考评是对任务或活动的价值、质量或完成状况的一种评估和检查，通常是通过特定的标准来进行的。

　　企业绩效考评，是指运用数理统计和运筹学原理，采用特定的指标体系，对照统一的标准，按照一定的程序，通过定量定性对比分析，对企业一定经营期间的经营效益和经营者业绩做出客观、公正和准确的综合评判[①]。对于绩效考评的理解应主要把握以下几点：

　　第一，绩效考评主体。绩效考评主体又称评价组织机构，是评价行为的组织发动者，一般为股东或股东大会、董事会及经理层；

　　第二，绩效考评目的。绩效考评目的是整个评价活动的灵魂，是指通过绩效考评所要达到的境地或结果。企业管理者应根据绩效考评的结果进行有效决策，引导和规范员工行为，促进实现发展战略和提高经营效率效果；

　　第三，绩效考评对象或内容。经营者评价内容分为企业业绩和经营者个人业绩；

　　第四，绩效考评机制的运作环节。绩效考评机制的运作环节包括确定绩效考评目标，设置考核指标，选择考核评价标准，通过定期考核和客观评价形成评价结论，制定奖惩措施等。

---

① 徐锐. 管理会计［M］. 上海：上海财经大学出版社，2021.

（二）绩效考评的模式

1. 平衡计分卡法

平衡计分卡制度构成了一套绩效评价框架。从"提高企业市场价值，提高企业净现金流量"的企业发展战略出发，该策略考虑到财务管理、客户关系、内部业务流程和学习成长等四个维度，将目标逐步细化为相互协调的绩效指标，基于此制定绩效管理。利用全面的评价指标体系进行平衡计分卡绩效考核是区分它与其他评价手段的核心要点。平衡计分卡的方法强调企业战略，以顾客需求为中心，平衡多个层面的管理元素，包括企业的长期与短期目标、成果目标与过程目标、部门与个人绩效、历史表现与未来表现、财务与非财务指标，以及外界的关心和内部的管理策略，目的是增加顾客的满意度并提升产品的竞争力。适用于战略目标具有明确性、管理体制相对齐全以及管理层次相对高级别的企业绩效评估，平衡计分卡方法有助于管理层对该企业有全方位的认识，并将这些企业战略明确地转化为具体的目标和评价准则。

平衡计分卡法的操作流程是：明晰组织使命、发展战略和重要的绩效领域，从财务状况、顾客服务、内部流程和学习与成长四个维度确定各个领域目标，分解目标并根据目标设定具体绩效考评指标，根据绩效考评指标确定工作方案和任务，对绩效进行跟踪评估并进行修正完善，调动一切资源确保战略和使命的完成。

平衡计分卡法的指标体系分为以下三个层次。

第一层次是从企业愿景和战略出发划分出四个维度，即财务、顾客、内部业务流程和学习与成长。

第二层次即划分出的四个维度中每个维度所包含的内容。

（1）财务维度。此维度目标是解决"股东如何看待我们"这一类问题。表明企业的努力是否最终对企业的经济收益产生了积极的作用，注重提升企业自身市场价值。

（2）顾客维度。这一维度回答"顾客如何看待我们"的问题。顾客是企业之本，是现代企业的利润来源。顾客就是企业的服务对象。

（3）内部业务流程维度。着眼于企业的核心竞争力，以及在业务领域内所必须擅长的技能，解决"我们的优势是什么"的问题。企业应当选出那些对顾客满意度有最大影响的业务流程，明确自身的核心竞争能力，并把它们转化成具体的测评指标。

（4）学习与成长维度。这是指企业的自我学习和提高的能力，此维度目标是解决"我们是否能继续提高并创造价值"的问题。只有持续不断地开发新产品，为客户创造更多价值并提高经营效率，企业才能打入新市场，赢得顾客的满意，从而增加股东价值。

第三层次即对每一维度的具体内容进行可量化测评的指标。

（1）财务维度。对企业价值目标的计量离不开相关财务指标。财务维度指标通常包括利润、收入、现金流量、投资回报率、经济增加值、增加的市场份额等。

（2）顾客维度。顾客需求和顾客满意程度应成为企业关注的焦点。常用的顾客维度指标包括按时交货率、新产品销售占全部销售的百分比、重要客户的购买份额、顾客满意度指数、顾客忠诚度、新客户增加比例、客户利润贡献度等。

（3）内部业务流程维度。内部业务流程维度指标包括生产布局与竞争情况、生产周期、单位成本、产出比率、缺陷率、存货比率、新产品投入计划与实际投入情况、设计效率、原材料整理时间或批量生产准备时间、订单发送准确率、货款回收与管理、售后保证等。

（4）学习与成长维度。学习与成长维度指标主要包括产品创新、过程创新和生产水平提高等方面内容，如新产品开发周期、员工满意度、平均培训时间、再培训投资和关键员工流失率等。

在平衡计分卡中，四个不同的层面上，"平衡"涉及外部评估因素的平衡，例如股东和客户对企业的看法，以及内部的评估指标，例如公司内部的管理过程和对新技术的学习等；在成果的评估指标（如利润或市场份额等）和推动成果的评价标准（例如新产品的投资和开发）之间实现一种均衡状态；在财务评估（例如利润评估）与其他非财务评估（例如员工的忠诚度和顾客的满意度）之间找到一个平衡点；为了达到一个均衡的长期评价标准，我们需要权衡短期中的诸如盈利等评价指标与长期的如员工培育费用和研发经费这样的评价指标。

平衡计分卡法打破了传统绩效考评中只重视财务指标的做法，而是采用全面评估指标体系评价企业绩效，这是平衡计分卡法同其他绩效考评方法区别的关键所在。

2. 关键绩效指标法（KPI）

关键绩效指标法，是指基于企业战略目标，通过建立关键绩效指标体系，将价值创造活动与战略规划目标有效联系，并据此进行绩效管理的方法。

关键绩效指标法是建立在这样一个核心理念上的：企业在特定的时间段内，必须清晰地定义自己的经营策略，并确切地判断哪些客户、项目、投资或活动超越了组织的战略界限。因此，管理层应该将他们的注意力主要集中在与公司战略发展相关的项目上，以提高管理的效率。选择绩效评估指标的唯一目标是确保公司所有员工的注意力都集中在公司的战略目标上。因此，有必要简化评估指标的结构，挑选并精炼那些能够有效衡量企业战略执行成效的核心指标，并构建一个最具代表性的绩效关键指标体系。这一体系不仅可以对工作绩效进行定量评估，还能对企业的绩效管理水平进行定性的评价。关键绩效指标法的操作流程是：

（1）认清关键绩效指标的本质。关键绩效指标是那些对公司业绩产生决定性影响的标准，它是基于对公司战略目标和关键领域的绩效特性的分析，从而确定并总结出最能推动公司增长的关键指标。关键的绩效指标充当了一个桥梁，将个体的绩效与组织的目标相连。利用这些指标，我们可以构建一个机制，将公司的策略转变为公司的流程和行动，从而提升公司的核心竞争能力并持续获得更高的回报。

（2）确定关键绩效指标的级别、各级别指标的制定方法以及指标的类型，如表 4-2 所示。

表 4-2　关键绩效指标的级别、制定方法和类型

级别	制定方法	关键绩效指标的类型	
		结果类指标：反映企业绩效的价值指标	动因类指标：反映企业关键驱动因素的价值指标
企业级关键绩效指标	企业应根据战略目标，结合价值创造模式，综合考虑企业内外部经营环境等因素，设定企业级关键绩效指标	投资报酬率、权益净利率、经济增加值、息税前利润、自由现金流量等	资本性支出、单位生产成本、产量、销量、客户满意度、员工满意度等
所属单位（部门）级关键绩效指标	根据企业级关键绩效指标，结合所属单位（部门）关键业务流程，按照上下结合、分级编制、逐级分解的程序，在沟通反馈的基础上，设定所属单位（部门）级关键绩效指标		
岗位（员工）级关键绩效指标	根据所属单位（部门）级关键绩效指标，结合员工岗位职责和关键工作价值贡献，设定岗位（员工）级关键绩效指标		

（3）关键绩效指标选取的方法。关键绩效指标需要有明确的定义、可度量性，并且与战略目标有着密切的关联。在每个级别上，关键绩效指标的数目不应过多。选择关键绩效指标有三个主要依据：首先，依据关键成果所在的领域来识别关键的成功因素，并据此确定相应的关键绩效指标；其次，根据隶属的单位或部门对公司总体目标的责任，逐步细化并确定关键的绩效指标；最后，根据工作流程中各个环节对企业价值的贡献程度，识别出关键的业务流程，然后将企业的总目标逐层细化到与关键业务流程相关的单位（部门）或岗位（员工），从而确定关键的绩效指标。

（4）关键绩效指标的权重及目标值。关键绩效指标的权重分配应以企业战略目标为导向，反映被评价对象对企业价值贡献或支持的程度，以及各指标之间的重要性水平。单项关键绩效指标的权重一般设定在 5%～30%，对特别重要的指标适当提高权重。

企业在设定关键绩效指标的目标值时，通常可以参照国家相关部门或权威机构发布的行业标准，或者参考其竞争对手的标准；企业的内部标准包括

企业的战略目标、年度的生产和经营计划目标、年度的预算目标以及过去几年的指标水平等；如果无法通过前两种方式来确定，那么可以依据企业过去的经验来做决策。

需要说明的是，关键绩效指标法既可以单独使用，也可与经济增加值法、平衡计分卡法等其他方法结合使用。

3. 经济增加值法（EVA）

经济增加值法，是指以经济增加值为核心，建立绩效指标体系，引导企业注重价值创造，并据此进行绩效管理的方法。经济增加值是指税后净营业利润扣除全部投入资本的成本后的剩余收益。

经济增加值的计算公式为：

经济增加值＝税后净营业利润－平均资本占用×加权平均资本成本

式中：

（1）税后净营业利润是企业经营盈利的量度，在计算经济增加值时需对会计项目作相应调整，以便剔除财务报表中未能正确反映企业价值创造的部分：① 研究开发费、大型广告费等一次性支出但收益期较长的费用，应予以资本化处理，不计入当期费用；② 反映付息债务成本的利息支出，不作为期间费用扣除，计算税后净营业利润时扣除所得税影响后予以加回；③ 当期发生的营业外收支从税后净营业利润中扣除；④ 将当期减值损失扣除所得税影响后予以加回，并在计算资本占用时相应调整资产减值准备发生额。

（2）平均资本占用反映的是企业持续投入的各种债务资本和股权资本；加权平均资本成本反映的是企业各种资本的平均成本率。

经济增加值和它的改进值被视为评估经营者如何高效利用资本并为公司创造价值的关键标准。经济增加值是正值，说明经营者正在给企业带来价值；经济增加值出现负值，说明经营者正在耗费企业价值。

需要说明两点：一是经济增加值法较少单独应用，一般与关键绩效指标法、平衡计分卡法等其他方法结合使用；二是企业应用经济增加值法进行绩效管理的对象，一般是企业及其所属单位、部门和高级管理人员。

从经济增加值法的核心理念和技术手段来看，经济增加值不只是与股东财富创造最直接相关的业绩评估工具，而且，它首次真正实现了管理者利益与股东利益的统一，让管理者像股东一样想问题、做决策。而经济增加值法就是治理企业内部控制制度之一。在这一控制制度中，全体雇员都能协同工作并主动寻求最佳表现。

4. 目标管理法（MBO）

目标管理法是以目标为导向，以人为中心，以成果为标准，而使组织和个人取得最佳业绩的现代管理方法。目标管理法作为一种成熟的绩效考核模式，始于管理大师彼得·德鲁克的目标管理模式。之后，美国著名的管理学大师哈罗德·孔茨等对德鲁克的目标管理理论进行了全面系统的阐述。

目标管理法是一种程序，它鼓励组织内部的上层和下层共同商议，根据组织的核心任务来设定一段时间内的总体目标，并据此确定上层和下层的职责与子目标，这些目标将作为组织运营、评价和奖赏各单位和个体贡献的准则。各个部门或个体的绩效评估是基于目标达成的情况。目标管理法的核心不是通过设定目标来约束下属，而是利用它来激发下属的积极性。

目标管理法实施的具体程序如下。

（1）目标设定。把任务尽可能地转化为目标体系，使组织内的每个部门、每一个人都明确自己的工作目标，按目标导向原则来指导人们的行动，从而实现由被动管理转向主动管理。

（2）目标分解。目标应一层一层地分解到各部门，使各部门也清楚各自工作目标。根据公司总体的目标将目标分解至各部门并确定权重，根据公司发展策略制定相应的配合目标和绩效评估指标。

目标分解应符合以下要求：① 目标分解应按整分合原则进行，将总体目标分解为不同层次、不同部门的分目标，各个分目标的综合又体现总体目标，并保证总体目标的实现。② 分目标要保持与总体目标方向一致，内容上下贯通，保证总体目标的实现。③ 目标分解中，要注意到各分目标所需要的条件及其限制因素，如人力、物力、财力和协作条件、技术保障等。各分目标之间在内容与时间上要协调、平衡，并同步地发展，不影响总体目标的实现。④ 各分目标的表述也要简明、扼要，有具体的目标值和完成时限要求。

（3）目标的实施。通常，目标实施过程被划分为两个阶段：目标状态进程控制与关键点控制。目标状态的进程控制意味着直接下达目标的主管会逐级对目标的执行过程进行控制。主管可将总目标分解为具体目标值，并建立信息系统及信息反馈制度等，按对象特点及要求分别采用日报、周报、月报等形式及时向控制者反馈目标执行情况，并针对执行过程中出现的偏差及时给出强有力的控制措施以修正偏差。

关键点控制被视为一种关键的控制策略。通过对关键环节的目标管理，促进了整体目标的达成。要有效地进行关键点控制，关键在于精准地选择关键的控制点。选择关键点的准则是：将重点目标定位为关键点；选择关键策略作为核心要点；选择关键的控制单位作为核心控制点。

（4）成果评价。目标管理注重结果，因此对部门及个人目标的完成情况必须进行自我评定、群众评议、领导评审。通过评价活动，肯定成绩、发现问题、及时总结目标执行过程中的成绩与不足，完善下一个目标管理过程。

成果评价应注意以下三点：① 绩效指标既是企业主要的管理工具，也是员工学习改进及提高积极性的工具。考核指标应是明确、具体、有挑战性的，并且兼顾短期目标与长期目标的平衡。② 考核内容应联系到客户满意程度及对公司的价值创造，通过与工作及权力范围的联系以增加员工的积极性。③ 考核方法必须公平，应由最了解业务的经理负责，也须由高层领导定期参与，并实行 360° 绩效评估。其中，360° 绩效评估是指从员工自己、上司、直接部属、同事甚至顾客等多个角度全方位地了解个人的绩效。

企业的内部控制实质上是由内部控制的核心元素所构成的。内部控制的具体内容和形态是由这些要素以及它们的组成方法所决定的。在设计内部控制时，我们可以根据公司的特性和需求（例如公司的大小、业务结构、管理能力等）来对内部控制元素进行合理的整合。

第五章
企业的内部环境分析

第一节　企业的组织架构

一、组织架构的定义

根据《企业内部控制应用指引第 1 号——组织架构》的定义，组织架构是指企业按照国家有关法律法规、股东（大）会决议、企业章程，结合本企业实际情况，明确董事会、监事会、经理层和企业内部各层级机构设置、职责权限、人员编制、工作程序和相关要求的制度安排。一个企业的组织架构存在缺失或缺陷，其他一切生产、经营、管理活动都会受到影响。组织架构分为治理结构和内部机构两个层面。

（一）治理结构

治理结构即企业治理层面的组织架构，是企业成为可以与外部主体发生各项经济关系的法人所必备的组织基础，它可以使企业成为在法律上具有独立责任的主体，从而使得企业能够在法律许可的范围内拥有特定权利、履行相应义务，以保障各利益相关方的基本权益。公司治理结构可以区分为狭义和广义两个方面，即内部治理结构与外部治理结构。股份有限公司的治理结构如图 5-1 所示。

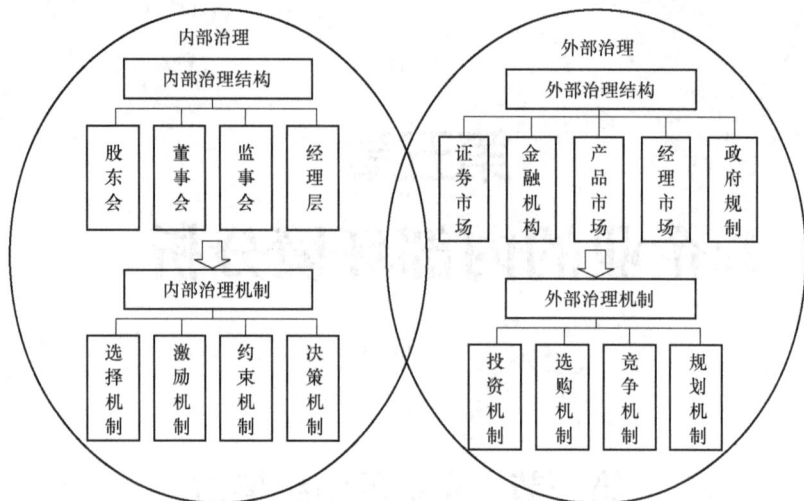

图 5-1　股份有限公司的治理结构

（二）内部机构

内部机构是企业分别设置不同层次的管理人员及其由各专业人员组成的管理团队，针对各项业务功能行使决策、计划、执行、监督、评价的权利并承担相应的义务。

一个现代企业，无论其处于新建、重组改制，还是存续状态，要实现发展战略，都必须把建立和完善组织架构放到首位，否则其他方面都无从谈起。建立和完善组织架构可以促进企业建立现代企业制度，有助于防范和化解各种舞弊风险，并在内部控制制度的建设中起到结构性支撑的作用。

二、组织架构的设计

（一）组织架构设计的一般原则

组织架构的设计至少应当遵循以下几项原则。

（1）依据法律法规设计。治理结构的设计必须遵循我国《中华人民共和国公司法》等法律法规的要求。

（2）组织架构的设计应当以企业发展目标和战略规划为中心和出发点，要有利于企业形成核心竞争力。

（3）组织架构的设计应当考虑企业内部控制的需要，符合管理控制的要求。

（4）组织架构的设计应当与企业的市场环境、行业特征、经营规模等相适应。

（二）治理结构的设计

治理结构包括股东（大）会、董事会、监事会和经理层。企业应当根据《企业内部控制应用指引第 1 号——组织架构》第四条的要求，按照决策机构、执行机构和监督机构相互独立、权责明确、相互制衡的原则，明确董事会、监事会和经理层的职责权限、任职条件、议事规则和工作程序等[①]。治理结构的职责详见表 5-1。

表 5-1　治理结构的职责划分

序号	治理层次	具体说明
1	股东（大）会	股东（大）会是股东按照法定的方法和程序，决定投资计划、经营方针、选举和更换董事并决定其报酬等重大事项的权力机构
2	董事会	董事会是企业最高决策机构，接受股东（大）会委托，负责企业发展战略和资产经营，并在必要时撤换不称职的经理人员
3	监事会	监事会是股东（大）会领导下的专司监督的机构，与董事会并立，依法监督企业董事、经理和其他高级管理人员的履职情况
4	经理层	经理层包括经理和其他高级管理人员，由董事会委任，具体负责企业生产、经营、管理工作

上市公司具有重大公众利益，须对投资者和社会公众负责。针对上市公司、国有独资公司，同样要求其进行治理结构的设计时必须遵循有关要求。如上市公司在进行治理结构设计时，应当充分考虑其"公众性"的特点。上市公司治理结构设计的要求详见表 5-2。

---

① 洪宇，李雪. 审计系列　内部控制［M］. 上海：立信会计出版社,2022.

表 5-2　上市公司治理结构设计的要求

序号	治理层次	具体要求
1	独立董事制度	上市公司董事会应当设立独立董事，独立董事由与上市公司及其主要股东不存在妨碍其进行独立客观判断的人员担任；独立董事不得在上市公司担任除独立董事外的其他任何职务；同时独立董事对上市公司及全体股东负有诚信与勤勉义务，应当按照有关法律法规和公司章程的规定独立履行职责
2	董事会专业委员会	上市公司董事会应当根据治理需要，按照股东大会的有关决策设立战略决策、审计、提名、薪酬与考核等专门委员会；董事会各专业委员会，审计委员会、薪酬与考核委员会中独立董事应当占多数并担任负责人，审计委员会中至少应有一名独立董事是会计专业人士
3	董事会秘书	上市公司应当设董事会秘书，以及设立由其负责管理的信息披露事务部门，董事会秘书为上市公司高级管理人员，对上市公司和董事会负责，由董事会提名，董事会任命

国有独资公司是我国在利用公司制对国有企业进行制度创新过程中产生的，是我国社会主义市场经济体制中较为独特的一类企业群体，为此，其治理结构的设计应充分反映企业自身的特色。其特殊之处主要表现在以下几个方面。

（1）国有资产监督管理机构代行股东（大）会职权。国有独资公司不设股东（大）会，由国有资产监督管理机构行使股东（大）会职权。国有独资公司董事会可以根据授权部分行使股东（大）会的职权。

（2）国有独资公司董事会成员中应当包含职工代表。国有独资公司董事长、副董事长由国有资产监督管理机构从董事会成员中指定产生。

（3）国有独资公司监事会成员不得少于 5 人，其中职工代表的比例不得低于 1/3。

（4）外部董事由国有资产监督管理机构提名推荐，由任职公司以外的人员担任。

（三）内部机构的设计

内部机构的设计是组织架构设计的关键环节，企业应当结合经营业务特点和内部控制要求进行内部机构设计。企业应当按照科学、精简、高效、透明、制衡的原则，明确各机构的职责权限，避免职能交叉、缺失或权责过于集中，应形成各司其职、各负其责、相互制约、相互协调的工作机制；应当对各机构的职能进行科学合理地分解，确定具体岗位的名称、职责和工作要求等，明确各个岗位的权限和相互关系。尤其应当体现不相容岗位相分离原则，努力识别出不相容职务；应当制定组织结构图、业务流程图、岗（职）位说明书和权限指引等内部管理制度或相关文件，使员工了解和掌握组织架构设计及权责分配情况，正确履行职责；企业的重大决策、重大事项、重要人事任免及大额资金支付业务等，应当按照规定的权限和程序实行集体决策审批或者联签制度。

三、组织架构的运行

组织架构的运行指企业治理结构和内部机构按照既定的设计方案，行使各自权利和履行相应责任的动态过程。对组织架构运行的控制具体包括组织架构的全面梳理和评估调整。

对组织架构运行的控制，首先涉及对新设企业和存续企业治理结构与内部机构的全面梳理。企业应当根据组织架构的设计规范，对现有治理结构和内部机构设置进行全面梳理，确保本企业治理结构、内部机构设置和运行机制等符合现代企业制度要求。

（一）治理结构的梳理

对治理结构的梳理，应当重点关注董事、监事、经理及其他高级管理人员的任职资格和履职情况，以及董事会、监事会和经理层的运行效率。

（二）内部机构的梳理

对内部机构的梳理，应当重点关注内部机构设置的合理性和运行的高效性。内部机构设置的合理性是指企业应当从合理性角度梳理内部机构的设置情况，重点关注内部机构设置对内外环境的适应性、与实现发展目标的一致性、内部分工的协调性，以及权责分配的对等性等方面。内部机构运行的高效性是指企业应当从高效性角度梳理内部机构的运行情况，重点关注职责分工的效率、权力制衡的效率以及信息沟通与传递的效率。

（三）对母子公司组织架构梳理的特殊要求

企业拥有子公司的，应当建立科学的投资管控制度，通过合法有效的形式履行出资人职责、维护出资人权益，重点关注子公司特别是异地、境外子公司的发展战略、年度财务预决算、重大投融资、重大担保、大额资金使用、主要资产处置、重要人事任免、内部控制体系建设等事项。

企业在对治理结构和内部机构进行全面梳理的基础上，还应当定期对组织架构设计和运行的效率与效果进行综合评价，旨在发现可能存在的缺陷并及时优化调整，使公司的组织架构始终处于高效运行状态。总之，只有不断健全公司法人治理结构，持续优化内部机构设置，才能为企业的内部控制和风险管理奠定扎实基础，才能提升企业经营管理效能，使企业在当前激烈的国内外市场竞争中保持平稳、健康、可持续发展。

四、组织架构设计和运行的主要风险

（一）治理结构层面

治理结构形同虚设，缺乏科学决策、良性运行机制和执行力，可能导致企业经营失败，难以实现发展战略。主要包括：股东大会是否规范而有效地召开，股东是否可以通过股东大会行使自己的权利；企业与控股股东是否在资产、财务、人员方面实现相互独立，企业与控股股东的关联交易是否贯彻平等、公开、自愿的原则；与控股股东相关的信息是否根据规定及时完整地披露；企业是否对中小股东权益采取了必要的保护措施，使中小股东能够和大股东同等条件参加股东大会，获得与大股东一致的信息，并行使相应的权利；董事会是否独立于经理层和大股东，董事会及其审计委员会是否有适当数量的独立董事存在，并且能有效发挥作用，董事对于自身的权利和责任是否有明确的认知，并且有足够知识、经验和时间来勤勉、诚信、尽责地履行职责等。

（二）内部机构层面

内部机构设计不合理，权责分配不合理，可能导致机构重叠、职能交叉或缺失、推诿扯皮、运行效率低下。内部机构的关键风险主要从以下方面进行具体分析：企业内部组织机构是否考虑经营业务的性质，是否按照适当集中或分散的管理方式设置；企业是否对内部组织机构设置、各职能部门的职责权限，组织的运行流程等有明确的书面说明和规定，是否存在关键职能缺位或职能交叉的现象；企业内部组织机构是否支持发展战略的实施，并根据环境变化及时做出调整；企业内部组织机构的设计与运行是否适应信息沟通的要求，是否有利于信息的上传、下达和在各层级、各业务活动间的传递，是否有利于为员工提供履行职权所需的信息；关键岗位员工是否对自身权责有明确的认识，以及是否有足够的胜任能力去履行权责，企业是否建立了关键岗位员工轮换制度和强制休假制度；企业是否对董事、监事、高级管理人员及全体员工的权限有明确的制度规定，对授权情况是否有正式的记录；企业是否对岗位职责进行了恰当的描述和说明，是否存在不相容职务未分离的情况。

第二节　企业的发展战略

一、发展战略的定义

根据《企业内部控制应用指引第 2 号——发展战略》的定义，发展战略是企业在对现实状况和未来趋势进行综合分析和科学预测的基础上，制定并实施的长远发展目标与战略规划。战略的失败是企业最彻底的失败，它甚至会导致企业的消亡。战略是一个学习、思考、实践的过程，战略管理是一门大学问，具体包括战略的分析、选择、制定、实施、监控、评价与调整等环节。

战略又被称为"使命""愿景""目的"。为了更好地为企业找准市场定位，为企业执行层提供行动指南，确保做正确的事，为内部控制设定最高目标，制定合理有效的发展战略是非常有必要的。

（一）发展战略可以为企业找准市场定位

每一个主体都面临来自外部和内部的一系列风险，确定目标是有效的事项识别、风险评估和风险应对的前提。目标与主体的风险容量相协调，它决定了主体的风险容限水平。

（二）发展战略是企业执行层的行动指南

发展战略指明了企业的发展方向、目标与实施路径，描绘了企业未来的经营方向和目标纲领，是企业发展的蓝图，关系着企业的长远生存与发展。企业只有制定科学合理的发展战略，执行层才有行动的指南，在日常经营管理和决策时才不会迷失方向，才能知晓哪些是应着力做的"正确的事"。

（三）发展战略为内部控制设定了最高目标

促进发展战略实现是内部控制最高层次的目标。一方面，它表明企业内部控制最终追求的是通过强化风险管控促进企业实现发展战略；另一方面，也说明实现发展战略必须通过建立健全内部控制体系来提供保证。

二、发展战略的制定

（一）建立健全发展战略

企业应当在董事会下设立战略委员会，或指定相关机构负责发展战略管理工作，履行相应职责。战略委员会的主要职责是对企业长期发展战略和重大投资决策进行研究并提出建议，具体包括对企业的长期发展规划、经营目标、发展方针进行研究并提出建议，对企业的产品战略、市场战略、营销战略、研发战略、人才战略等经营战略进行研究并提出建议，对企业重大战略性投资、融资方案进行研究并提出建议，对企业重大资本运作、资产经营项目进行研究并提出建议等[①]。在内部机构中设置专门的部门或指定相关部门，承担战略委员会有关工作。

（二）影响发展战略的内外部因素

从企业发展战略的特征和重要性角度出发，紧密结合企业发展战略的制定过程，从外部环境和内部环境两个方面识别和评估企业发展战略风险。

1. 外部环境

外部环境对公司发展战略的影响主要表现在政治、法律、经济、社会、技术等方面。与经济有关的因素，如价格变动、资本的可获得性，或者竞争性准入的较低障碍，都会导致更高或者更低的资本成本以及出现新的竞争者。政治因素主要包括人口统计、家庭结构、对工作和生活优先考虑的变化，以及恐怖主义活动，它们都会导致对产品或服务需求的变化、新的购买场所和人力资源问题，以及生产中断。技术因素主要包括电子商务的新方式、基础结构成本的降低以及以技术为基础的服务需求的增加，这些都会对企业发展战略的定位、重点的选择和竞争优势产生显著影响。

2. 内部环境

由企业内部环境引起的战略风险，主要包括管理能力及资源、公司治理结构和管理层、组织机制及适应和调整能力、知识学习能力和创新能力、企业文化及整合能力等因素。企业所拥有的内部战略资源是企业制定和实施发展战略应考虑的主要因素和企业竞争优势的重要来源，因而可以认为企业的战略资源和竞争能力是企业发展战略制定和实施的重要风险因素。由于市场

---

① 杨宗岳. 企业内控管理必备制度与表格典范［M］. 北京：企业管理出版社，2020.

竞争日趋激烈，科学技术发展日新月异，经济社会发展变化迅速，企业所拥有的战略资源和竞争优势也处于一个不断变化的过程中。因此，分析企业拥有的内部资源和能力，应当着重分析这些资源和能力使企业在同行业中处于何种地位，与竞争对手相比，企业有哪些优势和劣势。

（三）科学编制发展战略

发展战略可以分为发展目标和战略规划两个层次。

1. 制定发展目标

发展目标通常包括盈利能力、生产效率、市场竞争地位、技术领先程度、生产规模、组织结构、人力资源、用户服务以及社会责任等。值得注意的是，发展目标应当突出主业，不能过于激进，不能盲目追逐市场热点，不能脱离企业实际，否则可能导致企业过度扩张或经营失败。

2. 编制战略规划

企业应当根据发展目标编制战略规划。战略规划应当明确企业发展的阶段性和发展程度，确定每个发展阶段的具体目标、工作任务和实施路径。战略规划大多是滚动的，是根据企业发展战略目标所制定的阶段性的行动纲领，是企业发展战略目标在特定时期的具体化。

通常公司战略规划的制定周期是 3～5 年，在制定时要基于公司内外部环境的分析，根据公司使命和目标做出具有前瞻性的长期规划。战略规划解决的是"什么是正确的事"，战略执行解决的是"如何做正确的事"，把这两者结合起来就是战略管理。战略规划在企业发展战略中扮演着重要角色。企业发展战略目标为企业未来发展确立了一个最高目标，但是要实现这些目标需要企业进行阶段性的任务规划。编制战略规划包括确定使用何种手段、采取何种措施、运用何种方法来达到目标。

企业应严格审议和批准发展战略，具体内容包括以下几点：

（1）发展战略是否符合国家行业发展规划和产业政策；

（2）发展战略是否符合国家经济结构战略性调整方向；

（3）发展战略是否突出主业，是否有助于提升企业核心竞争力；

（4）发展战略是否具有可操作性；

（5）发展战略是否客观全面地对未来商业机会和风险进行分析预测；

（6）发展战略是否有相应的人力、财务、信息等资源保障。

3. 审议、批准发展战略

发展战略拟订后，企业应当按照规定的权限和程序对发展战略方案进行审议和批准。除了企业的战略委员会和专门负责发展战略管理工作的机构，企业的其他组织机构对公司发展战略制定也应该实施有效的控制。董事会应当严格审议战略委员会提交的发展战略方案，重点关注其全局性、长期性和可行性。董事会在审议时如果发现重大问题，应当责成战略委员会对方案做出调整。

三、发展战略的实施

科学制定发展战略是一个复杂的过程，实施发展战略更是一个系统工程。企业应当加强对发展战略实施的统一领导，制订详细的年度工作计划，通过编制全面预算分解落实年度目标，确保企业发展战略的实现。

（一）加强对发展战略实施的领导

企业要确保发展战略有效实施，加强组织领导是关键。企业应本着"统一领导、统一指挥"的原则，卓有成效地发挥企业经理层在资源分配、内部机构优化、企业文化培育、信息沟通、考核激励相关制度建设等方面的协调、平衡和决策作用，确保发展战略的有效实施。

（二）将发展战略分解落实

发展战略制定后，企业经理层应着手将发展战略逐步细化，确保"文件上"的发展战略落地变为现实。具体要求有以下几项：

（1）根据战略规划制订年度工作计划；

（2）按照上下结合、分级编制、逐级汇总的原则编制全面预算，将发展目标分解并落实到产销水平、资产负债规模、收入及利润增长幅度、投资回报、风险管控、技术创新等方面，使发展目标能够真正有效地指导企业各项生产经营管理活动；

（3）进一步将年度预算细分为季度、月度预算，通过实施分期预算控制促进年度预算目标的实现；

（4）通过建立发展战略实施的激励约束机制，将各责任单位年度预算目标完成情况纳入绩效考评体系，切实做到有奖有惩、奖惩分明，以促进发展战略的有效实施。

（三）保障发展战略有效实施

发展战略的实施过程是一个系统的有机整体，需要研发、生产、营销、财务、人力资源等各个职能部门间的密切配合。企业应当采取切实有效的保障措施，确保发展战略的顺利贯彻实施。

（1）培育与发展战略相匹配的企业文化。

（2）优化调整组织结构。企业必须在发展战略制定后，尽快调整企业组织结构、业务流程、权责关系等，以适应发展战略的要求。

（3）整合内外部资源。企业在战略实施过程中，只有对拥有的资源（人力、财力、物力和信息）进行优化配置，实现战略性资源的匹配，才能充分保证战略的实现。

（4）调整管理方式。由粗放、层级制管理向集约、扁平化管理转变，为发展战略的有效实施提供强有力的支持。

（四）做好发展战略宣传培训工作

企业应当重视发展战略的宣传培训工作，为推进发展战略实施提供强有力的思想支撑和行为导向。

（1）在企业董事、监事和高级管理人员中树立战略意识和战略思维，充分发挥他们在战略制定与实施过程中的模范带头作用。

（2）通过采取内部会议、培训、讲座、知识竞赛等多种行之有效的方式，把发展战略及其分解落实情况传递到企业内部各管理层级和全体员工，营造战略宣传的强大舆论氛围。

（3）企业高管层要加强与广大员工的沟通，使全体员工充分认清企业的发展思路、战略目标和具体举措，自觉将发展战略与自己的具体工作结合起来，促进发展战略的有效实施。

企业制定与实施发展战略至少应当关注下列风险：

（1）缺乏明确的发展战略或发展战略实施不到位，可能导致企业盲目发展，难以形成竞争优势，丧失发展机遇和动力；

（2）发展战略过于激进，脱离企业实际能力或偏离主业，可能导致企业过度扩张，甚至经营失败；

（3）发展战略因主观原因频繁变动，可能导致资源浪费，甚至危及企业的生存和持续发展。

四、发展战略的动态调整

在发展战略实施中，要及时根据市场情况调整和完善公司发展战略，这是危机管理体系的核心内容，因为世界上所有的事物都在变化之中，要在遵守发展战略基本原则的基础上根据市场情况及时进行调整。战略委员会应当加强对发展战略实施情况的监控，定期收集和分析相关信息，对于明显偏离发展战略的情况，应当及时报告，以便对发展战略进行修正。

由于经济形势、产业政策、技术进步、行业状况以及不可抗力等因素发生重大变化，企业的发展战略也需要做出及时调整。企业的战略思想、战略步骤、战略业务组合及战略重大指标必须保持基本稳定，具体战略时间安排、细分指标确立、不同的细分业务及客户管理则可以根据市场状况进行动态调整。企业的发展战略选择必须与其战略环境及内部资源相匹配，正确的发展战略选择和实施也是一个不断针对变化的环境与资源能力不断重新调整匹配的过程。

尽管发展战略会根据需要进行调整，但只要不是重大的调整，其主要战略目标与措施不应该有太大的变动，即发展战略必须保持一致性和连贯性，发展战略调整后还能支持原战略目标的实施。调整后的发展战略应当是在原来战略基础上的局部调整，其战略步骤要在原战略实施的条件下进行，不能脱离基础进行调整，即战略调整的幅度与范围是可控的，是在公司现有资源下的有效调整。调整发展战略要充分考虑公司的实际资源情况，不能超越企业现状，致使发展战略失去资源的支撑。

第三节　企业的人力资源

一、人力资源的定义

人力资源是指企业为组织生产经营活动而录（任）用的各种人员，包括董事、监事、高级管理人员和全体员工，本质上是企业中各类人员的脑力和体力的总和。人力资源政策是招聘和保留有能力的人员，以使公司计划得以执行、目标得以实现的重要政策。人力资源是企业建立和完善内部控制的"基石"，因此，只有通过合理的人力资源管理，才能从根本上解决企业经营中不协调、不统一的问题，才能够有效地提升企业的管理水平，提高企业的经营效益和效率。良好的人力资源管理，能够有效地促进内部控制在企业中的顺利实施，并保证其实施的质量。企业应当制定和实施有利于企业可持续发展的人力资源政策。

二、人力资源管理的主要风险与控制

（一）人力资源管理的主要风险

人力资源管理至少应当关注以下几项重要风险。

（1）人力资源缺乏或过剩，结构不合理、开发机制不健全，可能导致企业发展战略难以实现。

（2）人力资源激励约束制度不合理、关键岗位人员管理不完善，可能导致人才流失、经营效率低下，或关键技术、商业秘密和国家机密泄露。

（3）人力资源退出机制不当，可能导致法律诉讼或企业声誉受损。

（二）主要风险的控制

企业在建立与实施人力资源政策内部控制时，至少应强化对下列关键事项或者关键环节的控制，从而有效防范主要风险。

（1）岗位职责和任职要求明确规范，人力资源需求计划科学合理。

（2）招聘及离职程序规范，人员聘用引入竞争机制，培训工作能够提高员工道德素养和专业胜任能力。

（3）人力资源考核制度科学合理，能够引导员工实现企业目标。

（4）薪酬制度能保持和吸引优秀人才，并符合国家有关法律法规的要求，薪酬发放标准和程序科学规范。

三、人力资源的引进与开发

企业人力资源部门应根据企业发展战略目标和发展战略规划，制定企业的人力资源规划，并考虑政府的劳工政策和与劳工相关的政策问题，制定本企业的人事政策。要对企业内部各项工作进行统筹分析，并计算各项工作所需人数，列明工作特性及其必须具备的相关能力和学历条件等，在此基础上编制和调整企业职务编制计划，设计和调整组织架构、职务设置、职位描述和职务要求等，编制人员配置计划，确定每个岗位的人员数量构成。同时，人力资源部门还要分析本企业目前和未来的人力资源需求情况，预测人员退休、升迁、调职和流动率情况，分析本企业内部和外部人力资源供给状况，并预测未来的趋势，规划各部门的人力资源需求，并据此制定人力资源引进和培训计划。

（一）人力资源的引进

1. 人员招聘

人力资源部门根据审定后的年度人力资源需求计划，拟订企业招聘实施方案。在实施方案中，要明确各岗位的职责权限、任职条件和工作要求，遵循德才兼备、以德为先和公开、公平、公正的原则，通过公开招聘、竞争上岗等多种方式选聘优秀人才，重点关注选聘对象的价值取向和责任意识。

在遴选到一定的后备人员后，人力资源部门对应聘者的各项数据进行初步审核，审阅应聘者的学历、经验是否符合岗位所需，初步淘汰资格不合格者。此后，将审核通过的应聘者资料转交用人部门进一步审核。根据情况，由人力资源部门主导，对初审合格者进行各项测验，测验项目包括性格测验、智力测验、专业技能测验和专业科目测验等。除此之外，要对应聘者思想道德素质进行重点考核，确保所选拔的人员德才兼备。对测验合格者，在条件许可的情况下，根据应聘人员应聘岗位的重要性，决定是否对拟录用人员进行复试，以减少招聘风险。

企业所需要的人力资源可具体分为高级管理人员、专业技术人员、一般员工。对高级管理人员的引进，主要通过公开选拔、竞争上岗和组织选拔以及综合上述方式的推荐、测评、票决等方式，其中公开选拔、竞争上岗这两种方式由于引入竞争机制，体现了"公开、平等、竞争、择优"的原则，能拓宽用人的视野，有利于优秀人才脱颖而出。

对专业技术人员的引进主要采取外部招聘方式进行，包括发布广告、借助中介机构、上门招聘、熟人推荐以及网络招聘等。一般员工占据企业人力资源的大部分，主要任职于企业生产经营的一线，是企业年度人力资源引进工作的重要内容。一般员工通常具有高流动性、更多关注短期物质激励、群体效应等特点，一般员工的引进方式和专业技术人员的引进方式基本一致。

2. 建立劳动关系

企业通过与员工签订劳动合同的形式确立劳动关系，并依据《中华人民共和国劳动法》和企业劳动合同管理办法等管理规定对员工实施必要的管理。对于涉及商业秘密、核心技术等的企业，应与员工在劳动合同中约定企业的商业秘密和与知识产权相关的保密事项。

在确定劳动关系时，企业可以通过签订竞业禁止协议，约定员工在双方劳动关系存续期间，甚至离职以后在一定的时间、区域内对企业的商业秘密具有保密义务，不得兼职从事与用人单位相同或者类似业务的竞争性行为。

（二）人力资源的开发

企业应当重视人力资源开发工作，建立员工培训长效机制。培训是企业提高员工素质、增强企业人力资源竞争力的重要方式。企业每年都应该制定企业员工培训工作的具体规定等有关规章制度，并下达培训工作计划，有针对性地组织业务和知识培训，确保员工技术素质和业务能力达到岗位工作要求。企业除了要对新进员工进行培训外，还应对在职员工进行有计划的培训。

人力资源部门于每年预算编制前，审核及综合协调各部门的培训计划，并根据公司的人力资源计划，编制全年度的培训计划，报上级批准，作为企业培训计划实施的依据。各项培训统一由人力资源部根据培训计划实施，并负责培训的全部事宜。

人力资源开发根据不同层次、不同职务，可采用岗前开发培训、在岗开发培训、高岗开发培训、员工业余自学等。不同类别人才的培训要求详见表 5-3。

表 5-3　不同类别人才的培训要求

序号	人才类别	要求
1	高级管理人员	按照高级管理人员从事的工作内容及岗位职责要求,高级管理人员的培训与开发应该更注重概念技能和人际技能的挖掘与提升;这就要求对高级管理人员的培训开发要把企业家精神、创新思维、战略决策、领导能力以及公关关系等方面放在重要的位置,以提升高级管理人员的岗位胜任能力和履职水平;此外,在高级管理人员的开发过程中要注重激励和约束相结合,创造良好的企业环境,让高级管理人员的聪明才智充分显现,真正成为企业的核心领导者

序号	人才类别	要求
2	专业技术人员	按照专业技术人员从事的工作内容及岗位职责要求，注重知识持续更新，紧密结合企业技术攻关及新技术、新工艺和新产品开发来开展各种专题培训，帮助专业技术人员不断补充、拓宽、深化和更新知识；同时要建立良好的专业人才激励约束机制，努力做到以事业、待遇、情感留人
3	一般员工	按照一般员工从事的工作内容及岗位职责要求，对一般员工的培训开发要把岗位知识技能、执行力、人际沟通等方面放在重要的位置，以提升一般员工的岗位胜任能力和履职水平，带动企业人力资源总体素质的提升

四、人力资源的使用与退出

（一）人力资源的使用

1. 设置科学的业绩考核指标体系

企业应当建立和完善人力资源的激励约束机制，设置科学的业绩考核指标体系，对各级管理人员和全体员工进行严格考核与评价，以此作为确定员工薪酬、职级调整和解除劳动合同等的重要依据，确保员工队伍处于持续优化状态。

良好的业绩考核首先要设置一个全面的业绩考核体系，业绩考核体系包括组织业绩考核管理与人员业绩考核管理。由人力资源部门牵头成立业绩考核项目小组，小组确定关键业绩考核指标及指标权重，并反馈给各部门征求意见。各部门提出部门及员工的关键业绩考核指标修改意见，人力资源部门进行汇总，再根据对企业整体发展战略、经营目标的分析，做出关键业绩指标与权重的设计和调整，同时拟订实施业绩考核办法的细则，报公司管理层审批。实施细则审批通过后，人力资源部门向各单位和员工宣布业绩考核的标准与实施细则。人力资源部门负责日常的观察、记录和评估，讨论单位、部门和员工的业绩与成果。根据考核结果，评定奖金，并将考核结果存档作为员工晋升、降级及参加培训计划的参考。

2. 制定合理的薪酬体系

企业薪酬体系的两大核心是薪酬水平与薪酬结构，人力资源薪酬风险也主要体现在这两个方面，即薪酬水平风险和薪酬结构风险。通俗地讲，薪酬水平就是薪酬的高低，衡量它的主要标准就是薪酬的公平性。薪酬公平性又分为内部公平与外部公平。内部不公平会造成员工之间的相互猜疑与不满，影响大家的积极性，进而造成不良的工作氛围；外部不公平会使员工无法安心在本单位工作，导致核心员工的流失。薪酬结构风险是固定薪酬与浮动薪酬比例的确定所存在的风险。浮动薪酬比例过高，在给员工形成激励的同时也带来了极大的压力，造成薪酬的不确定性，使员工缺乏安全感。而固定薪酬过高的情况下，员工的安全感固然提升了，但激励性可能就要差一些。

企业在确定员工的薪酬水平时，要事先了解外部市场薪酬状况，包括相同地区企业薪酬水平、同行业薪酬水平，有条件的企业可以选择开展系统性的薪酬调查。另外，在确定固定薪酬与浮动薪酬的比例时，企业可以按岗位工作性质与特征将所有岗位分为多个序列，如一般管理序列、职能管理序列、营销序列、技术序列、技能操作序列等，不同序列可以设置不同的固定薪酬与浮动薪酬比例，以满足员工的不同需求[①]。

在具体实施时，首先，由企业各部门评估企业现有职位，分析职位的性质和内容。人力资源部门参考各部门呈报的职位评估意见，结合市场薪酬调查情况制定职位分级原则和薪酬水平与结构，报公司管理层审批。人力资源部门根据审批结果，修正薪酬体系。各业务部门根据职位实际情况和员工表现，提出个人薪酬的调整建议。其次，人力资源部门汇总整理薪酬资料的分析结果，综合各部门提出的薪酬调整建议和员工绩效考核结果，向总经理提出薪酬建议。经批准后，企业再执行这一薪酬体系。

3. 制定定期轮岗制度，全面提升员工素质

企业应当制定各级管理人员和关键岗位员工定期轮岗制度，在人才的使

---

① 宋岩，彭春凤，臧义升. 人力资源管理［M］. 武汉：华中师范大学出版社，2020.

用过程中，要注重策略，尊重人才成长规律，善于克服人力资源管理的"疲劳效应"，适时地调整岗位，明确轮岗制度、轮岗周期、轮岗方式等，形成相关岗位员工的有序持续流动，全面提升员工素质。

（二）人力资源的退出

建立企业人力资源退出机制是实现企业发展战略的必然要求。人力资源的退出必须以科学的绩效考核机制为前提，同时还需要相关的环境支撑。

（1）在观念上将人员退出机制纳入人力资源管理系统和企业文化之中，使人力资源退出从计划到操作成为可能，同时获得员工的理解与支持。

（2）要建立科学合理的人力资源退出标准，使人力资源退出机制程序化、公开化，有效消除人力资源退出可能造成的不良影响。

（3）人力资源退出一定要建立在遵守法律法规的基础上，严格按照法律规定进行操作。一方面，退出办法要根据相关法律的规定制定，要有书面材料记录员工的相关行为，使员工的退出证据充分；另一方面，在实施退出时，要做好沟通工作，按法律规定给予退出员工相应的补偿。

第四节　企业的社会责任

一、社会责任的定义及履行责任的必要性

（一）社会责任的定义

社会责任，是指企业在经营发展过程中应当履行的社会职责和义务，主要包括安全生产、产品质量（含服务）、环境保护与资源节约、促进就业、保护员工合法权益等。良好的社会责任不仅有助于增强企业的影响力，而且可以对员工形成积极的暗示，即可以推动内部控制的环境建设，而内部控制的设计与实施同样需要社会责任的督促与保障。

（二）企业履行社会责任的必要性

（1）企业创造利润或财富与履行社会责任是统一的有机整体。

（2）企业履行社会责任是提升发展质量的重要标志，也是实现可持续发展的根本所在。

（3）企业履行社会责任是打造和提升企业形象的重要举措。

二、企业应当履行的社会责任

（一）安全生产

安全生产主要是保护劳动者在生产过程中的安全。很多企业由于不重视安全生产，带来如企业安全主体责任不落实、企业安全投入不足、企业员工缺乏安全意识等风险。因此，针对安全生产的社会责任，企业应采取有效的防范措施。

1. 建立安全生产管理机制

企业应当依据国家有关安全生产方面的法律法规及相关规定，结合本企业生产经营的特点，建立健全安全生产方面的规章制度、操作规范和应急预案。

2. 不断加大安全生产投入和经常性维护管理

（1）企业一定要重视安全生产投入，将员工的生命安全视为头等大事，加大安全生产的技术更新，保证投入安全生产所需的资金、人力、物力及时且足额到位。

（2）企业还应组织开展生产设备的经常性维护管理，及时排除安全隐患，切实做到安全生产。

3. 开展员工安全生产教育，实行特殊岗位资格认证制度

（1）加强对员工的安全生产教育至关重要。通过培训教育，让员工牢固树立"安全第一、预防为主"的思想，提高他们防范灾害的技能和水平。培

训教育应当经常化、制度化，做到警钟长鸣，不能有丝毫放松和懈怠。

（2）对于特殊作业人员和特殊资质要求的生产岗位，因工作中接触的不安全因素较多，危险性较大，容易发生事故，必须依法实行资格认证制度，持证上岗。

4. 建立安全生产事故应急预警和报告机制

（1）企业必须建立事故应急处理预案，并建立专门的应急指挥部门，配备专业队伍和必要的专业器材等。

（2）在发生安全生产事故时做到临危不乱，按照预定程序有条不紊地处理安全生产事故，尽快消除事故产生的影响，同时按照国家有关规定及时报告，不得迟报、谎报或瞒报。

（3）安全生产必须实行严格的责任追究制度。

（二）产品质量

产品质量是产品和服务满足消费者规定需要和潜在需要的特征属性综合。成功的企业无一例外都十分重视产品和服务的质量。为保障产品质量，企业可以采取以下措施。

1. 建立健全产品质量标准体系

企业应当根据国家法律法规规定，结合企业产品特点，制定完善产品质量标准体系，包括生产设备条件、生产技术水平、原料组成、产品规格、售后服务等。

2. 严格质量控制和检验制度

（1）从原材料进场一直到产品销售等各个环节和流程，都必须有严格的质量控制标准做保证。

（2）企业必须加强对产品质量的检验，严禁未经检验合格的产品流入市场。

3. 加强产品售后服务

（1）企业应当把售后服务作为制定有效竞争策略、提高服务质量的重要手段，重视和加强售后服务，创新售后服务方法，力争做到件件有结果、有分析、有整改、有考核。

（2）对有缺陷的产品，应当采取及时召回、实行"三包"等措施，赢得消费者对企业产品的信赖和支持，维护消费者合法权益。

（三）环境保护与资源节约

中国面临着环境污染、生态恶化、自然灾害频发等环境问题，这些问题带来了环境法律法规、行业政策的限制，绿色贸易壁垒的设置，生产技术、管理水平的限制等风险。为了解决这些风险，可以采取如下措施。

1. 转变发展模式，发展循环经济

（1）企业要想在快速增长中突破资源与环境的双重约束，在市场竞争中争取主动，就必须转变发展方式，重视生态保护，调整产业结构，发展低碳经济和循环经济。

（2）加大对环保工作的人力、物力、财力投入和技术支持，不断改进工艺流程，加强节能减排，降低能耗和污染物排放水平，实现清洁生产。

（3）加强对废气、废水、废渣的自行回收、利用和处置等综合治理，推动生产、流通和消费过程中对资源的减量化、再利用、资源化，以最小的资源消耗、最少的废物排放和最小的环境代价换取最大的经济效益。

2. 着力开发利用可再生资源

企业应不断增强自主创新能力，通过技术进步推动替代技术和发展替代产品、可再生资源，降低资源消耗和污染物排放。

3. 建立完善监测考核体系，强化日常监控

（1）企业应建立节约资源和保护环境监测考核体系，完善激励与约束机制，明确责任，各司其职、各尽其责，严格监督，落实岗位责任制，保证节约资源和保护环境等各项工作落到实处。

（2）企业要加强日常监控，定期开展监督检查，发现问题后及时采取措施予以纠正。发生紧急、重大环境污染事件时，应当立即启动应急机制，同时根据国家法律法规规定及时上报，并依法追究相关责任人的责任。

（四）促进就业

促进就业是企业社会责任的重要体现。坚持以人为本，尊重和保护员工的各项合法权益，是企业经营的基本原则。因此，为更好地促进就业，企业要做到以下几点。

（1）应当以宽广的胸怀接纳各方人士，为国家和社会分担就业压力，促进充分就业。

（2）在各级政府培训提高劳动者专业技能和素质、鼓励企业扩大就业方面给予税收等优惠待遇的同时，企业应结合实际需要，转变陈旧或功利的用人观念，在满足自身发展的情况下，公开招聘、公平竞争、公正录用，为社会提供尽可能多的就业岗位。

（3）企业在录用员工时，不能因民族、种族、性别、宗教信仰不同而歧视员工，要保证劳动者依法享有平等就业和自主择业的权利。

（五）保护员工合法权益

员工是企业生存发展的内在动力。企业应当尊重员工，关爱员工，维护员工权益，促进企业与员工的共同发展。企业履行保护员工合法权益包括以下几个方面措施。

1. 建立完善科学的员工培训和晋升机制

（1）培训的目的是让员工得到尽快发展。

（2）保证晋升对每个人公平、公正。

（3）对不同员工进行个性化的培训，保证员工及时获得必要的知识储备，通过公平竞争和优越的机会吸引大批有能力的员工为企业服务。

2. 建立科学合理的员工薪酬增长机制

（1）建立科学有效的薪酬正常增长机制，最大限度地激发员工工作热情、敬业精神和工作绩效。

（2）员工工资等薪酬应当及时发放，员工各类社会保险应当及时足额缴纳，不得无故拖欠和克扣。

（3）重视和关注并积极缩小高管人员薪酬与员工的收入差距，促进企业高管人员与员工的薪酬有机协调统一。

3. 维护员工的身心健康

（1）关心员工身体健康，保障员工充分的休息休假权利，广泛开展娱乐休闲活动。

（2）加强职工代表大会和工会组织建设，通过企业内部员工热线、信访接待、内部媒体、员工建议箱等渠道，保证员工与企业上层的信息畅通，帮助员工减压，不断提高员工的身体素质。

（3）加强对职业病的预防、控制和消除，定期安排员工体检，建立职业健康档案等，预防、控制并有效消除职业危害，确保员工身心健康。

（六）重视产学研用结合

企业应当重视产学研用结合，牢固确立企业技术创新主体地位，把产学研用结合的基点放在人才培养方面。

（1）企业应充分运用市场机制和手段，积极开展与高校和科研机构的战略合作，联合共建国家重点实验室、工程中心等研发和产业化基地，实行优势互补，激发科研机构的创新活力[1]。

（2）企业要重视和加强与高校、科研院所的人才培养和交流，加速科技成果的转化和产业化。同时，促进应用型人才的培养，确保企业发展中急需的人才不断得到补充。

（七）支持慈善事业

社会责任要求企业积极支持慈善事业，扶助社会弱势群体。企业在关注

---

① 杨雪，郭欣，赵勃. 内部控制与评价［M］. 上海：上海财经大学出版社，2018.

自身发展的同时，应当勇于承担社会责任，积极支持慈善事业，奉献爱心，扶助社会弱势群体，把参与慈善活动作为创新产品和服务的潜在市场，将慈善行为与企业发展目标有机地联系起来。

（八）企业履行社会责任面临的主要风险

（1）企业的社会责任意识较为淡薄，安全生产措施不到位，责任不落实，可能导致企业发生安全事故。

（2）产品质量低劣，侵害消费者利益，可能导致企业巨额损失、形象受损，甚至破产。

（3）环境保护投入不足，资源耗费大，造成环境污染或资源枯竭，可能导致企业巨额损失、缺乏发展后劲，甚至停业。

（4）促进就业和员工权益保护不够，可能导致员工积极性受挫，影响企业发展和社会稳定。

三、推动企业社会责任的履行

（一）建立健全法规规章体系，强制企业履行社会责任

将社会责任管理纳入法律法规管理的框架内，通过建立健全法规规章体系来督导或强制企业履行社会责任。履行社会责任毕竟要支付现实成本，并不是所有企业都能够从战略高度出发，心甘情愿地履行社会责任，特别是在企业社会责任建设的初级阶段。基于道德规范或理想信念而产生的企业社会责任可以不带有强制性，但基于法律规范而产生的社会责任则必须带有强制性，企业必须履行。这就需要国家立法机关和政府部门将既符合国际通行做法又符合我国国情的、企业必须履行的社会责任，如纳税责任、环保责任、资源节约责任、安全生产责任、拒绝商业贿赂责任等，以法规规章的形式固定下来，形成具有刚性约束力的企业行为规范和行业准则。同时要做到奖罚分明，可根据企业特点制定相应的优惠政策，对不同规模的企业提出不同的

衡量指标，鼓励企业主动承担社会责任。

（二）加强地方政府对企业社会责任的监管力度

地方政府应积极发挥政府部门的职能作用，以政策引导和规范企业负责任的行为。同时通过逐步建立市场激励和社会监督与服务机制来积极推动企业履行社会责任；认真贯彻和落实相关法规，加强政府对企业社会责任的监管力度；加大执法力度，提高企业遵守法律法规的自觉性和诚信意识；借鉴欧美先进国家的实践经验，制定相应的考核指标，建立与国际接轨的技术法规和标准体系。地方政府要把推动企业履行社会责任作为全面落实科学发展观、完善企业外部约束机制、促进发展方式转变的重要手段；作为统筹经济社会发展、推进社会主义和谐社会建设的重要内容；作为全面建成小康社会、惠及地方人民的有效途径。

（三）企业应从战略发展规划和企业文化上强化社会责任

企业的战略对企业发展有着重要的指导意义，在企业的战略发展规划中要体现承担社会责任的内容，承担社会责任应该作为企业发展的一项方针进行规划。一是要进行相关制度创新，将社会责任管理制度融入企业管理制度体系中，从制度上保证社会责任管理目标的顺利实现，即确保社会责任管理的有效性；二是要健全组织结构，可以设立社会责任战略发展部或社会责任管理部之类的机构，统领企业社会责任建设与管理职能，把社会责任管理贯彻到企业内部管理的各个层次、各个方面、各个环节。承担社会责任，构建和谐企业，在企业的发展中，应该形成一种文化。通过加强企业文化建设，把社会责任的理念灌输给各个部门以及广大员工，为企业管理行为和员工工作行为提供基本的准则，形成具有企业特色的管理理念和价值标准。

（四）高度重视强化企业履行社会责任，建立企业社会责任报告制度

企业负责人应当高度重视这项工作，树立社会责任意识，把履行社会责

任提上企业重要议事日程，经常研究和部署社会责任工作，加强社会责任全员培训和普及教育，不断创新管理理念和工作方式，努力形成履行社会责任的企业价值观和企业文化。发布企业社会责任报告，让股东、债权人、员工、客户、社会等各方面知晓企业在社会责任领域所做的工作、所取得的成就，可增强企业的战略管理能力，使企业由外而内地深入审视与社会的互动关系，全面提高企业服务能力和水平，提高企业的品牌形象和价值。

第五节　企业文化

一、企业文化的定义

企业文化能给企业带来持久而深刻的动力。企业想要得到长期稳定发展，需要树立自身信仰体系，使职工对企业战略目标、经营方针和管理规范坚定肯定，有意识地将自我价值和企业价值、个人命运和企业命运密切联系起来。企业文化就是企业在生产经营实践过程中逐渐形成并得到整体团队认可和遵守的价值观、经营理念与企业精神，以及在此基础之上的行为规范等的统称。企业能够从价值观、企业精神、伦理道德、管理宗旨直至规章制度、员工行为和企业形象，都用规范而严格的方法来建设其文化体系，创建企业精神家园，给企业发展注入持续的精神与思想动力。

二、企业文化管理的风险

（一）缺乏积极向上的企业文化，可能导致员工丧失对企业的信心和认同感，使企业缺乏凝聚力和竞争力

积极向上的企业文化可以为企业带来一种团结友爱、相互信任的和睦气氛，强化团队意识，使企业员工之间形成强大的凝聚力和向心力。反之，可能导致企业员工如一盘散沙。

（二）缺乏开拓创新、团队协作和风险意识，可能导致企业发展目标难以实现，影响企业可持续发展

当企业在创新、团队合作和风险管理方面表现出明显的不足时，这便成了一种不可避免的、具有持续性的经营风险。如果这种风险没有得到妥善地管理和规避，它可能会导致公司内部的决策过程效率降低、组织结构变得松散、沟通出现中断，从而给企业带来巨大的经济损失，并有可能最终导致企业的衰退甚至消亡。因此，企业有必要积极地培育所有员工的创新精神、团队合作精神和风险意识，并制定出合适的风险管理方案。

（三）缺乏诚实守信的经营理念，可能导致舞弊事件的发生，造成企业损失，影响企业信誉

诚实守信的经营理念是从伦理关系的角度来约束企业领导者和员工的行为。如果人们违背了道德规范的要求，就会受到舆论的谴责，心理上会感到内疚。

（四）忽视企业间的文化差异和理念冲突，可能导致并购重组失败

由于各企业所处的内部和外部发展背景各异，以及它们的经营哲学和方法的差异，使得不同企业塑造出各自独特的企业文化。在某一特定的文化背景下，将有效的管理策略应用于另一个文化背景，可能会带来完全不同的效果。因此，在企业的并购过程中，除了融资、债务和法律规定等潜在风险，企业文化的风险也是不可忽视的。因此，我们应当避免企业文化的冲突导致并购和重组的失败。

三、企业文化的建设

（一）企业文化建设的原则

企业应当重视文化建设在实现发展战略中的作用，加大投入力度，健全

保障机制，防止和避免形式主义。总结优良传统，挖掘文化底蕴，提炼核心价值[①]。企业应当根据发展战略和自身特点，建设企业文化，使企业文化融入生产经营过程，切实做到文化培育与发展战略的有机结合，增强员工的责任感和使命感，促使员工自身价值在工作中得以实现。

（二）企业文化建设的要求

（1）企业应当采取切实有效的措施，积极培育具有自身特色的企业文化，引导和规范企业行为，打造以主业为核心的企业品牌，形成整体团队的向心力，促进企业长远发展。

（2）企业应当培育体现企业特色的发展愿景、积极向上的价值观、诚实守信的经营理念、履行社会责任和开拓创新的企业精神，以及团队协作和风险防范意识。

（3）在此基础上，企业应当重视并购重组后的企业文化建设，平等对待并购双方的员工，促进并购双方的文化融合。

（4）企业应当根据自身发展战略和实际情况，总结优良传统，挖掘文化底蕴，提炼核心价值，确定文化建设的目标和内容，形成企业文化规范，使其构成员工行为准则的重要组成部分。

（5）企业应当促进文化建设在内部各层次的有效沟通，加强企业文化的宣传贯彻，确保全体员工共同遵守。

（三）企业文化建设的方法

（1）通过召开员工大会，设置专题报栏让员工了解企业文化。

（2）通过开展各种各样生动活泼、具有积极意义的员工文化活动培育企业精神，塑造企业价值观。

（3）要塑造和维护企业的共同价值观，领导要首先成为这种价值观的代

---

① 陈维青，胡本源. 企业内部控制学［M］. 3 版. 沈阳：东北财经大学出版社，2022.

言人，通过自己的行动向全体员工灌输企业文化。

企业文化是一种集体的文化，这需要企业的员工对该企业的目标、哲学、价值、精神、宗旨以及道德持有一致的确认和认同。一旦离开全面参与，公司的文化会逐渐转变为公司等级文化或者小集体的文化形态。

四、企业文化的评估

对于企业文化的建设和创新而言，其评估构成了一个至关重要的步骤。进行企业文化评价以及构建科学合适的企业文化评估框架可以帮助企业更加深入地了解其文化发展，识别文化建设过程中的挑战，持续地优化和提升企业文化，确保文化理念与员工实践相结合。

（一）建立企业评估文化制度

企业文化和企业文化评估制度之间存在着相互支持和辅助的关系。因此，企业应该建立企业文化评估制度，明确评估的内容、程序和方法，实施评估责任制，避免企业文化仅仅流于形式。在构建企业制度文化的过程中，企业需要明确评估的具体内容、流程和手段，构建科学合理的企业决策和人力资源开发机制。同时，也需要制定全面的企业运营规则和管理制度，搭建一个高效而精简的组织结构，以确保所有工作环节能够紧密衔接，从而确保企业目标能够顺利达成。

（二）关注企业人员对企业文化的责任履行及认同情况

在对企业文化进行评估时，我们应该特别关注董事、监事、经理以及其他高层管理人员在企业文化建设过程中的责任执行情况。此外，还需要关注全体员工对企业核心价值观的认同程度，企业的经营管理行为与企业文化的一致性，企业品牌在社会上的影响力，参与企业并购和重组的各方文化的融合程度，以及员工对企业未来发展的信心。此外，对于企业文化的评估，我们不仅要关注当前的情况，还要展望未来的发展。对员工对公司未来发展的信心进行评估，不仅可以帮助管理层更加明确地了解公司的长远发展策略和未来的业务方向，还能鼓励每位员工主动地将自己的思维和行动与公司的经营目标相结合，从而提高公司的风险应对能力。

（三）重视评估结果，及时发现问题并加以改进

企业文化评估的核心目标是通过汇总成功的经验、明确核心价值观、调整价值差异和统一管理思维，以及通过内部整合来适应外部的竞争环境，从而提升组织的运营效率，塑造企业的整体形象，增强企业的核心竞争力，并确保企业的经营成果和价值能够持续健康地增长。因此，各企业有责任周期性地对其企业文化进行评估，以便及时地巩固和推广文化建设的成就，并采取科学而有效的手段来解决评估过程中出现的各种问题。这有助于企业文化在管理实践中的持续渗透和深化，确保内部和外部的整合能够相互适应，从而推动企业文化的持续发展，而不仅仅是空谈。

第六章
企业业务流程的内部会计控制

第一节　业务流程及其相关内部会计控制

企业的内部会计控制是一项庞大的系统工程，涉及企业生产经营管理的各个方面，不仅包括董事会等高层管理人员，而且也影响到每一个企业员工。因此，企业内部会计控制制度具有十分重要的意义。由于内部控制的许多措施和方法是体现在企业具体的业务层面上的，从业务流程入手进行企业的内部控制有利于加速内部控制措施与企业具体业务的融合。通常按照一定的标准将企业的所有主要经营过程分成相应的业务循环，然后根据各个业务循环的内容确定相应的控制措施和控制方法。本章主要阐述在一个企业的会计系统中，如何按照不同业务流程确认相关的内部会计控制的基本过程。

一、业务流程

业务流程是指处理某一经济业务的工作程序和先后顺序。尽管某业务流程的具体情况可能因企业而异，但对于大多数企业而言，基本是相同的。业务流程主要包括采购与付款循环、存货与生产循环、销售与收款循环等[①]。这些"循环"，从生产到销售，涵盖了企业生产经营的主要过程和重要环节。

---

① 许东，张颖，李爱武. 财务管理与风险控制［M］. 哈尔滨：东北林业大学出版社，2023.

（一）采购与付款循环

采购与付款循环，指采购部门根据业务部门的需要购入各种物质资料，以满足生产和管理所需的过程。采购活动往往形成债务，伴随着经济利益的流出，即出现付款业务，采购和付款业务是不可分离的业务流程。

（二）存货与生产循环

存货与生产循环，指企业采购的原材料入库以后，由生产车间领用，生产工人操作机器对原材料进行加工形成产品的过程。这一循环过程的特点是：存货（包括原材料、在产品、产成品）处于不断的位移过程中，由材料仓库转移到生产车间，在生产车间中由上一生产环节转移到下一生产环节，产品完工后，由车间转移到成品库等。在这一循环过程中，责任人也在不断变换，因此，加强存货和生产循环的控制和管理对提高企业经济效益具有重要意义。

（三）销售与收款循环

销售与收款循环，是企业生产经营价值实现的环节，也是现金流入的主要途径。由于销售涉及现金与商品的进出，交易频繁，极易产生错弊，使企业遭受损失，因此，建立规范的内部销售与收款控制制度，并有效执行是十分必要的。

二、相关的内部会计控制

对于上述企业的业务流程，我们要明确企业各流程内部会计控制的主要环节，这些环节包括五个方面。

（一）提出内部会计控制目标

控制目标是企业实施内部控制的最终目的，也是评价内部控制的主要依据。因此，企业在进行各业务循环的内部会计控制过程中，必须首先明确相应的控制目标，然后据此确定控制要素和关键点，这样才能最终合理保证财务报告的真实可靠。控制目标又可以分为基本目标和每一循环的具体目标。有效的内部会计控制就是要保证这些目标的实现。

（二）主要业务流程和相应的信息流程

通过各个业务循环的流程以及相应的各种信息的流转，可以明确每一业务循环的主要控制环节。如对于采购与付款循环，就要求各企业合理设置采购与付款业务的机构和岗位，建立和完善采购与付款的会计控制程序，堵塞采购环节的漏洞，减少采购风险；销售与收款循环要求各企业在制定商品或劳务的定价、信用标准和收款方式等政策时，充分发挥会计机构和人员的作用，加强合同订立、商品发出和账款回收的会计控制，避免或减少坏账损失。

（三）进行岗位分工和授权管理

进行岗位分工和授权管理是企业内部会计控制的主要措施。岗位分工又称职责分工控制，就是要求企业按照不相容职务相分离的原则，合理设置会计及相关工作岗位，明确其职责权限，形成相互制衡的机制。授权管理又称授权批准控制，要求企业明确规定涉及会计及相关工作的授权批准的范围、权限、程序、责任等内容。企业内部的各级管理层必须在授权范围内行使职权和承担责任，经办人员也必须在授权范围内办理业务。

（四）分析常见的内部控制缺陷

每一个业务循环在运行过程中都存在着风险，如记录错误、违反法规、非法交易、欺诈舞弊等。因此，在每一个业务循环中有目的地分析该循环运行中可能出现的错误和问题，有利于及时有针对性地制定相应的控制措施，有的放矢地进行控制，这个过程实质上就是对风险进行评估和对可能出现的错误进行预计或设想的过程。

（五）设置内部控制的关键点

企业的内部会计控制受成本效益原则的制约，不可能做到面面俱到。因此，只有抓住关键的控制环节才能建立起有效的内部会计控制制度。关键的控制点是企业业务流程和经营活动中容易产生风险的环节。抓住每个循环的关键点，也就抓住了内部控制的核心，最终据此形成企业内部会计控制的文字性规范，从而使内部会计控制成为企业各部门和企业员工的行为规范和业务操作指南，也是各部门人员相互监督的依据

第二节　采购与付款循环的内部会计控制

采购与付款循环是指有关存货采购和向供应商支付款项的全部活动。赊购和现购是此循环中两个主要的交易类型。在采购循环开始阶段，原材料（库存商品）的采购以及其他费用的发生，都以获取收入为目的。采购循环的具体形式并不是千篇一律的，它受许多因素的影响，其中最主要的影响因素是企业的性质（制造业、零售业、批发业或者服务业）和企业组织的大小。

单位应当合理设置采购与付款的机构和岗位；建立和完善采购与付款的会计控制程序；加强请购、审批、合同订立、采购、验收、付款等环节的会计控制；堵塞采购环节的漏洞，减少采购风险。

一、采购与付款循环内部会计控制目标

采购与付款循环的基本控制目标是：规范采购与付款行为，防范采购与付款过程中的差错与舞弊行为，提高采购活动的经济效益。为了实现这个目标，商品或劳务应该满足生产销售的需求，并在一个合适的时间范围内以最合理的价格获得，确保企业对已采购的和企业有效运营所必需的商品或劳务承担责任，准确地反映企业对外的负债情况，保证应付款项的真实、合理以及授权支付，合理揭示采购业务中所享有的折扣与折让等。

二、采购与付款循环的业务流程与信息流程

（一）采购与付款循环的业务流程

采购与付款循环的业务流程包括与商品和劳务的采购有关的所有活动。这些业务活动的最终结果会反映到存货总分类账和相应明细分类账中。大型制造业企业的采购与付款循环的业务流程一般包括 5 个环节。

1. 请购

企业生产或管理部门根据生产经营需要和仓储情况，按照采购预算或采购计划提出采购申请。审批人员按照相关规定对请购单进行审批。

2. 订货

采购部门依据经批准的请购单向符合信用标准的供货商发出采购订货。

3. 验收

采购的物资抵达后，应按照订单或合同进行验收，并在验收单上记录验收情况，确保实际收到的商品与订单或合同规定一致。然后将物资运送到仓库或工厂车间。

4. 付款

财会部门收到供货商转来的发票及银行的结算凭证后，认真检查发票的详细内容，并与入库单、订货单核对一致后办理付款结算手续，支付货款。

5. 记账

财会人员根据上述有关原始凭证，及时编制记账凭证并据以登记总账、明细账等相关账簿。

（二）采购与付款循环的信息流程

按照上述业务流程，采购与付款循环应设计相应格式的单证和单证的流动程序，以反映动态的信息流程。这些单证主要有以下 9 种。

1. 请购单

企业按照采购计划或采购预算，由仓储部门或领用部门根据需要提出并填写请购单，经过各部门负责人批准后，递交给采购部门，作为申请购买商品、劳务或其他资产的书面凭证。

2. 购货订单

购货订单是由采购部门和供应商共同签订的，说明购买指定物资的书面凭证，也称采购合同。购货订单应当包括如下信息：采购数量、规格、价格及相关费用、结算方式和期限等。

3. 验收单

验收单，也称入库单，是由仓储部门或收货部门在收到货物时，进行验收和检验所编制的凭证。验收单一式四联（或一式多联）：一联给仓储部门；一联给采购部门用于与订单核对；一联给财会部门用于与发票核对；一联留存。

4. 供应商发票

供应商发票是由供应商开具，交给买方以证明提供货物等事项的凭证。财会部门收到后，将其与验收单、订单等核对一致，据此记账并办理结算手续。

5. 付款凭单

付款凭单是由财会部门根据订单、验收单和发票编制的授权证明文件。付款凭单供内部使用，是记录采购业务的基础，也是付款的基础。

6. 转账凭证和付款凭证

转账凭证和付款凭证是财会部门根据上述各种原始凭证编制的、记录企业采购业务和付款业务的记账凭证。

7. 材料采购和应付账款明细账

材料采购和应付账款明细账是财会部门根据验收单、供应商发票及记账凭证记录采购业务明细账，根据应付款项变化的情况记录应付账款明细分类账。

8. 现金和银行存款日记账

对于用支票结算的，应记录银行存款日记账；对于用现金结算的，应记录现金日记账。记录依据是付款凭单、支票存根及付款记账凭证。

9. 对账单

对账单是用来核对交易双方债权债务的单据，一般由供应商提供，需要买方核实确认。

三、采购与付款循环的岗位分工与授权管理

（一）岗位分工

在采购与付款循环中的每一个环节，企业都应设置相应的岗位，实行岗位责任制，明确相关部门和岗位的职责、权限，确保办理采购与付款循环的不相容岗位相互分离、相互制约、相互监督。采购与付款业务不相容的岗位包括以下 6 种。

1. 请购与审批

商品采购由生产、销售、仓库及其他职能部门根据其需要提出，并经分管采购工作的负责人进行审批，审批人不能超越权限审批，由采购部门组织采购。

2. 询价与确定供应商

采购部门与使用部门共同参与询价程序并确定供应商，不能由采购部门单独完成询价与确定供应商的工作。

3. 采购合同的订立与审计

由采购部门下订单或起草购货合同，并由授权部门或人员审核、审批或适当审计。

4. 采购与验收

采购部门不能进行货物的验收工作，应由专职人员或质检人员进行。

5. 采购、验收与相关会计记录

商品的采购、储存保管人员不能担任会计记录工作，以减少误记商品数

量金额的可能性。

6. 付款审批与实际付款

付款的审核人应与付款的执行人职务相分离。记录应付账款的会计人员不能同时担任出纳职务，支票的签字和应付账款的记账应相互独立。

企业不能将采购与付款业务的全过程交给同一部门或同一个人办理，应根据具体情况对办理采购与付款业务的人员进行轮岗。同时，企业应配备合格的人员办理采购与付款业务，这些人员必须具备良好的业务素质和职业道德，如具备一定的专业教育水平，有一定的实践经验，不断接受继续教育，诚实守信、爱岗敬业等。

（二）授权管理

授权管理是企业组织机构设置和人员岗位分工的权责管理机制。为了保证采购与付款循环控制目标的实现，企业要建立严格的授权批准制度。

（1）明确审批人员对采购与付款业务的授权审批方式、权限、程序、责任和相关控制措施，规定经办人办理采购与付款业务的职责范围和工作要求。

（2）审批人应当根据采购与付款循环授权批准制度的规定，在授权范围内进行审批，不得超越审批权限。

（3）经办人应当在职责范围内，按照审批人的批准意见办理采购与付款业务。对于审批人超越权限的审批，经办人有权拒绝办理，并及时向审批人的上级授权部门报告。

（4）对于重要的、技术性较强的采购与付款业务，应当组织专家进行论证，实行集体决策和审批，防止出现决策失误。

（5）不允许未经授权的机构或个人经办采购与付款业务。

（6）企业应当按照规定的程序办理采购与付款业务，并在各环节编制相关的记录，填制相应的凭证，建立完整的采购登记制度，加强请购手续、采购订单、验收单、入库凭证、采购发票等文件和凭证的相互核对工作。

四、采购与付款循环内部会计控制的具体要点

（一）常见的错弊

采购与付款循环常见的错弊主要有以下几方面，这些错弊如果不加以合理控制，可能会使采购成本上升、现金大量流失，甚至财物被侵吞。

1. 盲目采购或采购不及时

采购部门或人员没有按照采购计划或请购单进行采购，造成超储积压或供应脱节。其原因：一方面可能是控制制度不健全，对需求和市场估计不足；另一方面可能是采购人员故意所为，以满足个人私利。

2. 采购中价格不实

由于采购价格不透明，采购人员在采购时接受各种形式的回扣是较为普遍的现象，这就导致采购价格虚高、虚开发票、截留资金，采购质量难以保证。

3. 验收不严格

验收人员不认真核对采购物资的质量和数量，或对验收时发现的问题未能及时报告。其原因主要是验收人员玩忽职守、对控制制度认识不足，存在以少报多、以次充好、人情过关等现象，也容易诱发采购人员舞弊。

4. 付款控制不严格

采购结算时，审核不严或单证不齐就付款，或应付账款管理混乱，导致重复付款、货款流失。

（二）采购与付款循环内部会计控制的要点

采购与付款的内部会计控制涉及采购、验收、储存、财会等众多部门，健全、有效的采购与付款的内部会计控制应包括以下内容：

（1）采购、验收、储存、会计与财务部门在人员安排及职责分工等方面应相互独立，实行不相容岗位的相互分离。采购与付款应经上述部门进行相应的确认或批准。

（2）一切购货业务，应编制购货订单，购货订单应通过采购及有关部门如生产、销售等部门的签单批准。订单的副本应及时提交会计、财务部门。

（3）收到货物并验收后，应编制验收单，验收单必须按顺序编号，验收单的副本应及时送交采购、会计部门。

（4）收到供货商的发票后，应及时送给采购部门，采购部门将发票与购货订单及验收单比较，确认货物种类、数量、价格、折扣条件、付款金额及支付方式是否相符。

（5）会计部门将收到的购货发票、验收单、结算凭证与购货订单、购货合同等进行复核，检查其真实性、合法性、合规性和正确性。

（6）实行付款凭单制。有关现金支付须经采购部门填制应付凭单，并经各有关部门及人员授权批准后方可支付货款。

（7）已确认的负债都应及时支付，以便按规定获得现金折扣，维护同供应商的良好关系，增强企业信用。

（8）应付账款总分类账和明细分类账应按月结账，并且相互核对，出现差异时应编制调节表进行调节。

（9）按月向供货商取得对账单，将其与应付账款明细账或未付凭单明细表相互核对，如有差异应进行调节，并查明发生差异的原因。

同时，企业应当建立预付账款和定金的授权批准制度，加强预付账款和定金的管理。应付账款和应付票据应由专人按约定的付款日期、折扣条件等进行管理，已到期的应付账款须经有关授权人员审批后方可办理结算与支付。企业也应当建立退货管理制度，对退货条件、手续、货物出库、退货货款的收回等作出明确规定，及时收回退货款。

（三）请购的具体内部会计控制

企业应当建立采购申请制度，依据购置的物资或劳务类型等，确定归口管理部门，授予相应的请购权，并明确相关部门或人员的职责权限及相应的请购程序。

企业可以有各种不同的请购制度，并根据不同的请购内容采用相应的控制程序和控制制度。请购环节主要关注采购申请控制和审批控制两方面的控制。企业要按照以销定产和库存合理的原则，根据预算和实际需要及时请购，超过一定金额的采购需求必须由采购部门统一进行，领用部门不得自行采购；审批人员根据职责、权限和程序对采购申请进行审批。对不符合规定的采购申请，审批人员应要求请购人员调整采购内容或拒绝批准。

具体来说，采购决策制定后，随着三联请购单的编制，采购与付款循环从仓储或生产部门开始。请购单是由仓储或生产人员向采购部门做出的一个内部书面的关于商品和劳务采购的请求书，第一联发给采购部门，第二联发给付款部门以便将来核对，而仓储部门保留第三联，以便与采购部门的购货订单和收货部门的验收单核对。

在制造业企业里，请购单最初是由仓库经理、个别使用部门或者生产部门形成的。在这些部门里只有特定人员可以申购，而且在许多情况下都有一个上限（按金额计），超过限制就要获得上级的批准。

由于请购单来自各个部门，每份请购单必须由相关部门的主管人员签名。请购单一般不预先编号，因为它们是从企业里众多的部门中形成的。

如果由计算机保存存货记录，企业通常的做法是设计一个程序，当存货水平降低到一定数量或者达到了一定生产水平，计算机就能自动地生成请购单；还可以用同样的程序自动地记录与采购有关的负债和费用。

企业请购的各相关部门应该加强对请购需求的审核、管理，确保请购需求的依据充分、要求合理，请购单填制正确。同时，还要加强采购预算管理。对于预算内采购项目，具有请购权的部门应严格按照预算执行进度办理请购手续；对于超预算和预算外采购项目，应当明确审批权限，由审批人员根据其职责权限以及实际需要等对请购申请进行审批。

（四）订购的具体内部会计控制

订购是以审批过的请购为依据实施采购的过程。在这一过程中，要决定供应商、采购价格、签订购货合同等重要事项，是整个采购业务的关键控制环节。企业应当建立采购环节的管理制度，对采购方式的确定、供应商的选择等作出明确规定，确保采购过程的透明化。

1. 供应商控制

对于大多数企业来说，通常都有许多核准的供货商。企业应通过一定的选择标准确定供应商，包括建立供应商选择标准、供应商选择机制和供应商选择程序。既要考察供应商的信用状况，更要从企业的战略角度出发，考虑物资供应的长期性、稳定性。企业应当充分了解和掌握供应商的信誉、供货能力等有关情况，采取由采购、使用等部门共同参与比质比价的程序，并按规定的授权批准程序确定供应商。

2. 购货订单控制

请购一旦批准，就可以用请购单来编制预先编号的多联购货订单。购货订单是从一个企业向另一个企业发出的购买货物和劳务的书面要约。购货订单只能在采购部门确信他们可以从有信用的供货商那里获得有利条款的货物之后签订。多联的购货订单应该包含所有要顺利完成订单所需的信息（如数量、品名、价格、条款、地址和发货说明等）。企业至少应该编制五联的购货订单：第一联给供应商，其余几联分别给付款部门、仓储部门、收货部门和购货部门。第五联应由购货部门保留，用来与收货单核对。需要注意的是，在大多数企业里通常的做法是从收货部门的购货订单联上删去订货的数量，由此促使收货人员认真盘点收到的货物。在计算机操作系统中，可以在计算机里保存公开的购货订单文件。此文件可以在后续步骤用来与验收单据核对是否一致。

购货订单是授权执行并记录经济业务的凭据，因此对它的控制非常重要。主要有：每份订单都要预先编号，以确保日后能完整保存和进行会计处理；在订单发出前，必须有专人检查订单是否得到授权人的签字以及是否存在核准的请购单作为凭证，以确保订单的有效性；由专人复查订单的编制过程和内容，以保证订单的正确性；订单的副本应提交请购部门以证实订单内容符合他们的要求，同时提交收货部门以便于他们掌握验收标准。

3. 采购价格控制

企业还可以采用订货合同、直接采购等方式进行采购。采购订单或合同中，价格是最容易出现问题的部分。采购价格控制同样要从定价标准、机构、程序、授权与批准等方面进行控制。确定采购价格要经过询价、比价、议价和定价等程序。定价可以分别采用议定、公开市场确定、招标定价等方式。

4. 采购时间和数量控制

从请购到采购物资入库所经历的期间为采购时间。对采购时间的控制，主要是防止生产停工待料，或存货过多闲置造成资金浪费。企业还要根据资金周转情况、利率、储存成本和费用、采购价格优惠、消耗方式以及缺货风险等，科学计算和决策最佳经济采购批量。采购部门应运用经济批量法进行采购，并将采购数量与时间及时通知仓储和生产部门。

（五）验收的具体内部会计控制

为了达到控制目的，货物的验收应由独立于请购、采购和财会部门的人来承担。收到货物后，应将供货商的发货单和收货部门的购货订单联核对一致。验收主要从凭证审核、数量检验和质量检验等方面进行。收货控制具有双重作用，既要控制采购环节的业务活动，也要控制存货的管理工作。

收货部门的控制责任主要在收到货物的质量和数量方面。收货部门具有收货、盘点、验收和接收货物的权力。收到的货物应该被临时地储存在指定的区域，保持控制并有助于执行以上的各种检查。任何购货订单和收到的货物之间的差异都应该在购货订单和供货商的发货单上注明，并且得到发货人的认可。

记录了收货的数量后，签名的购货订单联就可以作为验收单，或者单独编制预先编号的多联验收单。收货部门要在收到货物时编制验收单，注明从供货商那里收到货物的数量、种类和状态。

无论使用哪种方法，验收单的第一联，连同供货商的发货单应送到财会部门，这联表明货物已经收到，因此要记录相应负债；验收单的第二联应由收货部门保留，用来与收货部门的购货订单联核对一致；验收单的第三联发回购货部门，用以通知他们所订货物已收到；验收单的第四联连同货物应该送到仓储部门或生产部门，第四联应该与仓储部门或生产部门的请购单和购货订单联核对一致，核对一致后，要更新存货卡片。完成了收货、盘点和验收后，采购的存货可以运送到仓储部门或直接送到工厂。

对于验收过程中发现的异常情况，负责验收的部门或人员应当立即向有关部门报告，有关部门应查明原因，及时处理。

在某些控制制度中，提交收货部门的购货订单副本中的数量常常被删去，以便提高收货人独立确定数量的可能性，防止收货人不经检验就根据购货单上的数量来填制作为其检验结果的控制文件——验收单；而有些控制制度则要求两个收货人在验收单上签字来防止这种情况的发生。

（六）付款的具体内部会计控制

1. 应付账款入账前的审核与控制

应付账款是企业购买材料、商品、物资或接受劳务等而应付给供应商的款项。应付账款的真实性对企业财务状况有较大的影响。同时，债务人的应付账款即为债权人的应收账款，任何应付账款的不正确记录和不按时偿还债务，都会导致债权人和债务人的债务纠纷。所以，应加强应付账款的管理和内部会计控制。应付账款的内部会计控制制度主要包括以下内容。

（1）应付账款必须由专人管理

应付账款的管理和记录必须由独立于请购、采购、验收、付款职能以外的人员专门负责，实行不相容岗位的分离[①]。应当按付款日期、折扣条件等规定管理应付账款，以保证采购付款内部控制的有效实施，防止欺诈、舞弊及差错的发生。

---

① 张远录，娄阳，周旻. 企业内部控制［M］. 上海：立信会计出版社，2023.

（2）应付账款的确认和计量必须真实可靠

应付账款的确认和计量必须根据审核无误的各种必要的原始凭证。这些凭证主要是供应商开具的发票，验收部门的验收单、银行转来的结算凭证等。负责应付账款管理的人员必须审核这些原始凭证的真实性、合法性、完整性、合规性及正确性。

（3）应付账款必须及时登记

负责应付账款记录的人员应当根据审核无误的原始凭证及时登记应付账款明细账。应付账款明细账应该分别按照供应商进行明细核算，在此基础上还可以进一步按购货合同进行明细核算。

（4）应付账款必须及时冲抵预付账款

企业在收到供应商开具的发票后，应该及时冲抵预付账款。

（5）正确确认、计量和记录折扣与折让

企业应当将可享受的折扣和可取得的折让按规定的条件加以确认、计量和记录，以确定实际支付款项的正确性，防止企业可获得折扣和折让被隐匿和私吞。

（6）应付账款的授权支付

已到期的应付账款应当及时支付，但必须经有关的授权人员审批后才能办理结算与支付。

（7）应付账款的结转

应付账款总分类账和明细分类账应按月结账，并且相互核对，出现差异时应编制调节表进行调节。

（8）应付账款的检查

按月向供货商索取对账单，将其与应付账款明细账或未付凭单明细表相互核对，如有差异应编制调节表调节并查明发生差异的原因。如果追查结果表明本企业无会计记录错误，则应及时与债权人取得联系，以便调整差异。向供应商索取对账单并进行核对调节的工作应当由会计负责人或其授权的、独立于登记应付账款明细账的人员办理，以贯彻内部控制原则。

具体来说，就是从供货商那里收到发票后，应该马上签收，然后与请购单、购货订单和验收单的会计联核对一致。这种签收的过程，可以对交易过程的所有细节进行独立检查。

2. 应付账款支付的审核与控制

付款控制侧重于现金流控制。从手段上看，有流程控制、组织控制、岗位控制、凭证控制及制度控制；从内容上看，有零星采购备用金控制、款项支付控制、应付账款登记控制及现金折扣控制等。付款环节涉及供应商、采购、验收、仓储等职能部门及财会部门。

付款环节的控制流程主要表现为债权人请款、负责人审批、财会部门主管审核、与供应商对账、出纳付款等。企业应根据自身特点，安排适合企业经营管理的控制流程，并控制该流程的有效实施。

企业财会部门在办理付款业务时，应当对购货发票、结算凭证、验收单等相关凭证的真实性、完整性、合法性及合规性进行严格审核。符合要求的凭证才能据以付款，对于审核中发现不真实、不合法的原始凭证有权不予接受，并报告企业负责人；对于记载不准确、不完整的原始凭证予以退回，并要求有关经济业务事项的经办人按国家统一会计制度的规定更正、补充，待手续完备后再予以办理。

付款的具体控制制度主要有以下方面。

（1）防止未批准的款项支付

在付款前，付款人要仔细检查付款凭证是否经授权人批准，任何付款都必须经财务主管签字。对于现金支付，首先要检查发票上是否有"付讫"的字样，防止二次支付；然后检查是否具有经审核的验收单。对支票付款，要注意对支票本身的控制，签发的支票由签字人本人寄送，不得让核准或处理付款的人接触；未签发的支票要安全保管；作废的支票应予以注销，防止重复开具。

（2）确认的负债要及时支付

以获得现金折扣的好处，并与供应商维持良好的信用关系。财会部门要定期检查应付账款明细账及有关文件，防止失去可能的现金折扣。有的企业为了控制负债的及时支付，将应得到但未获得的现金折扣作为一项费用来处理，以加强会计部门的财务管理。

（3）正确付款和记录

在付款前，应复核发票上的数量、价格和合计数以及折扣条件。对于因退货或折让而造成的应付账款借项，在良好的控制制度下，也可于未收到供应商的贷项通知单之前，从付款金额中扣除。

3. 应付账款支付的控制方法

应付账款支付的控制方法有明细账余额付款法和凭单付款法（即一票一付）两种情况。

单位应当加强应付账款和应付票据的管理，由专人按照约定的付款日期、折扣条件等管理应付款项。已到期的应付款项须经有关授权人员审批后方可办理结算与支付。应付账款的支付方法有余额付款法和一票一付法两种。

（1）余额付款法

所谓余额付款法，是直接根据每个供应商应付账款明细账上的余额付款的方法。采用这种支付方法的最大优点是比较简单。但是，根据应付账款余额支付的最大不利之处在于，支付货款时，不再检查核对相关的供应商发票、送货单、验收单等有关原始文件，实际支付的应付账款和发票账单之间，以及采购商品的实际入库情况之间不存在一一对应关系，一旦发生差错或者付款纠纷，查找对账很困难，甚至根本无法查找对账。

此外，如果对应付账款的入账源头把关不严，就有可能发生应付账款付过头的现象，也有可能导致内外勾结，以虚假的发票计入应付账款、套取虚假货款却没有收到商品，使企业蒙受损失。

在余额付款法下，应付账款明细账的管理和应付账款的授权支付应当分别由不同的人来承担。授权人员综合考虑企业的付款政策、供应商的具体情况等因素以后，确定在什么时候、向哪个供应商、支付多少应付账款。一旦确定了应付账款的支付对象及支付金额以后，授权人员应当签发付款通知书。

付款通知书一式四联：第一联由授权人员留存；第二联作为付款通知书与有关支票或者其他支付凭证送交供应商；第三联作为出纳员签发支票或者其他付款凭证的依据，出纳员据此登记银行存款日记账；第四联由分管应付账款明细账的会计员作为登记应付账款明细账减少的依据。

如果应付账款是根据供应商应付账款余额支付，而不是根据每一份购货发票支付的，那么，负责管理应付账款的会计人员在准备支付应付账款时，应当事先编制一份应付账款支付明细表，将所有支付的供应商对象和相关的供货发票情况罗列清楚。该明细表一式两份，一份送交出纳员，另一份送交有权签名支付货款的授权人员。出纳员对付款明细表的内容审核无误后填写支票，但是无权签名付款。随后，出纳员将准备就绪的支票再送交有关授权人员，该授权人员对付款明细表审核无误后，在出纳员准备就绪的支票上签名，支付货款。

余额付款法的付款控制过程，由3个当事人组成。管理应付账款的会计人员负责提出付款请求，并准备证明付款合理性的相关文件，随后进行双重审查；由出纳员审查付款的准确性，并准备好付款的支票；由授权人员审查付款的合理性，并在支票上签名付款。在这种控制程序中，会计人员、出纳员和授权人员的责任分工有利于减少工作中差错的可能性，也有利于防止付款过程中舞弊行为的发生。

（2）一票一付法

为了克服余额付款法的弊端，可以建立一种一票一付的应付账款明细分类账体系。这一体系的操作思路归纳如下：多证相符→一票一账→逐行登记→同行注销。

多证相符是指严格控制应付账款的入账源头，只有发票、送货单、验收单几证相符的采购业务才可以登记应付账款明细账，缺少其中任何一种单据都不得登记应付账款。

一票一账是指对每一个供应商发生的每一笔采购业务，在多证相符的情况下，编制一张记账凭证，在应付账款明细账中登记一笔账。

逐行登记是指由于对某一供应商的商品采购而发生的应付账款在该供应商的应付明细账中逐行序时登记。

同行注销是指应付账款的支付不是根据某一供应商应付账款明细账的余额，而是根据已经入账的每笔应付账款的发票金额支付应付账款，一笔应付账款支付以后，支付的应付账款应当在与发生的相关应付账款的同一行内予以注销。每一行借方登记的应付账款支付数不超过同行贷方已经登记的应付账款发生数。

在这种付款制度下，应付账款的支付由专人审核有关供应商发票、送货单、验收单等原始单据以后才可以签发应付账款支付单。应付账款支付单一式四联：第一联由签发人留存；第二联作为出纳签发支票或者其他支付方式支付货款的依据；第三联与支票存根或者其他支付凭证一起作为应付账款记账员登记应付账款减少的依据；第四联作为付款通知书与支票或者有关付款结算凭证送交供应商。

如果使用计算机系统，"应付账款支付单"可以直接由授权人员输入系统，"应付账款支付单"上的详细情况被记录在计算机里面，同时将"应付账款支付单"的详细信息输入购货业务文件。购货文件中包括所有与这一"应付账款支付单"相关的商品发票、送货单、验收单等情况，购货文件对"应付账款支付单"的信息与原有的信息自动核对无误后，通过授权同意支付，同时更新购货文件中的应付账款明细账和有关总分类账。

如果企业采用的是一票一付应付账款的付款体系，则付款的依据是授权批准的应付账款支付单，具体过程在此不再重复。月末在计算机系统中，所有已经支付的应付账款，其发票、送货单、验收单、付款通知书等应当另外形成"已经付款文件"。未支付的应付账款，其发票、送货单、验收单等应当另外形成"未付款文件"，它们的合计应当与应付账款总分类账中的金额核对相符。

为了满足一票一付法的核算需要，应付账款明细账的格式要做相应的调整。

在一票一付法下，所有与应付账款有关的单据实际上都进行了二次审核，即应付账款入账时审核了一次，应付账款支付时又审核了一次，而且应付账款贷方登记的实际支付金额不能超过同行借方实际登记的发生数，这样就能够充分保证应付账款记录和支付的准确性，同时防止支付过程中的舞弊行为。

（3）支票准备和签名

不管采用什么样的形式向供应商支付货款，在支票准备和签名上必须严格予以控制，这一类控制至少应当包括下列内容：

支票应当事先编号。支票由出纳员负责保管并按照填写要求进行填写。只有在证明付款合理性的所有原始文件都具备的条件下，出纳员才有权利签发支票。支票签发至少要二次复核签名，第一次复核的资料由应付账款会计员或者凭单登记员提供，第二次复核在第一次复核的基础上进行。一旦支票被支付，所有与支付相关的原始凭证上都要盖上"已支付"的印章。

支票一旦签发，具有法定付款效力以后，应当立即直接送交授权收款的人员，签发准备支票的出纳员和授权签名的授权人员就不能再接触这张支票。

4. 应付账款的对账

应付账款的对账工作由以下两方面的内容组成：

首先，将应付账款明细账与应付账款总账核对，做到账账相符。如果根据应付账款余额付款方法支付货款，应当将应付账款明细分类账与应付账款总分类账核对相符，如发生差异，及时查明原因并采取相应的处理措施。采用一票一付付款的对账方法基本上与余额付款法一样，只是应付账款明细账上的余额计算稍微复杂一些。

其次，将库存商品二级明细分类账、三级明细分类账、库存商品卡片账定期核对相符，做到账账相符、账实相符。

（七）采购与付款循环内部控制的监督检查

企业应当建立采购与付款循环定期或不定期的监督检查制度，包括岗位与人员配置情况、授权批准制度的执行情况、验收制度的执行情况、应付账款和预付账款的管理、相关单据凭证的使用保管情况等。监督检查机构或人员通过实施符合性测试和实质性测试，检查采购与付款循环内部会计控制制度是否健全，各项规定是否得到有效的执行。评价主要以企业战略和企业预算为标准，包括对采购价格与成本标准的评价，采购物资与质量标准、采购物流标准、采购组织标准等不同的总体层次进行的评价。

第三节　存货与生产循环的内部会计控制

存货是企业的一项重要的流动资产，主要是指企业在日常生产经营过程中持有准备出售或处在生产过程中或在生产经营提供劳务等过程中耗用的原材料等。存货与生产循环的控制，对企业恰当反映财务状况和经营成果有重要影响。

一、存货与生产循环的内部会计控制目标

存货与生产循环的主要控制目标是确保存货安全，生产可控且按成本效益原则运作。一般来说，存货与生产循环具体控制目标有：生产根据企业的授权进行，成本的记录真实合法，所有的耗费都及时计入成本，保护存货资产安全完整，提高存货运营效率，保证实际的存货与账面存货相符，防范存货业务中的差错和舞弊。

二、存货与生产循环的业务流程及信息流程

（一）业务流程

存货与生产循环包括原材料入库、原材料保管、车间领用原材料、车间对原材料进行加工、产品完工、产品销售出库等环节。产品加工过程的性质决定了企业是按分批法核算产品成本，还是按分步法核算产品成本。存货与生产循环的内部控制涉及许多相关的业务循环。制造业企业的存货与生产循环的业务流程一般包括七个环节。

1. 储存保管

仓储部门对验收入库的存货应按品种、数量进行登记入账，对各种类型存货的摆放、收发等情况按流程登记。

2. 计划生产

通常，企业根据客户订单，或者基于历年销售情况，或者其他信息的预测情况安排生产，并利用这些信息编制生产预算和随后的生产计划。企业生产计划部门制订生产计划，并交由被授权领导审批，经审批后安排生产部门进行生产。授权生产时应签发预先编号的生产通知单。

3. 存货的领用和发出

领用生产所需的原材料时，生产部门根据生产计划部门下发的生产通知单确定物料需求，填制领料单，报部门经理批准后，送仓储部门据以发货。仓储部门应按照批准的领料单将原材料发送到生产部门。

4. 开始生产

生产车间根据批准的生产通知单或其他方式组织生产，生产部门在收到生产通知单并领取原材料后，将生产任务分解到每一个生产工人，并按任务将原材料分配给生产工人，据以进行生产加工。

5. 成本核算

为了准确计算产品成本，企业应按照一致性原则归集所发生的所有与产品生产有关的成本，产品的成本不仅包括原材料，还包括人工费用和其他费用。企业应当将材料费用和人工费用记录在相应的产品账户或者成本中心。制造费用集中计入相应的成本中心后，及时分配计入在产品账户。

企业对所有的生产成本（直接和间接的）进行适当的分类，一般分为直接材料、直接人工、制造费用，即通常所说的料、工、费。企业对原材料的领用、在产品的生产过程、半成品的形成过程、产成品的完工都要有详细的记录和控制。

6. 产成品入库

完工的产品应及时交生产部门清点后转检验员验收并办理入库手续，或是将产品移交下一部门进一步加工，并在存货记录中准确记录所有的产成品。产品入库须由仓储部门先进行清点、检验并签收，然后将实际数量通知财会部门。包括产成品在内的所有存货入库后，仓储部门都要根据各类存货的不同性质，分门别类存放，并加以标识；保管人员根据入库单详细填写仓库货物登记簿并建立台账，及时掌握和反映产、销、供、耗、存情况，以便日后与供、销、财会等部门核对，保证账实、账卡相符。对于有毒、易燃、易爆等危险物品，要严格按照国家规定妥善保管。

7. 存货的盘存和计价

企业应定期对存货进行实地盘点，核实存货数量，并与存货记录核对一致，保证各项存货免受未经授权的使用或转移。在盘点时发现存货盘盈、盘亏的，应及时查明原因，分清责任，填写存货清查盘盈盘亏报告表，并及时送交相关部门。

（二）信息流程

存货与生产循环中的信息流程包括原材料加工，支付职工薪酬和其他人工费用（包括福利费、社会保险等）、发生的制造费用（如固定资产折旧、车间管理人员工资等）。只有把握住存货与生产循环单证控制环节，才能了解整个循环的活动轨迹，有效降低经营活动风险。在这一信息流程中涉及的单证主要有以下九类。

1. 入库单

企业在自制存货完成后，生产部门应编制入库单，交给仓储部门、财会部门、生产部门分别持有。入库单应连续编号。

2. 领发料凭证

领发料凭证是企业为控制材料发出所采用的各种凭证，如材料发出汇总表、领料单、限额领料单、领料登记簿、选料单等。仓库保管人员对存货实行簿记管理，在保管单中详细记录存货的名称、规格、数量等信息。

存货出库时，应以生产或销售部门的领料单或出库单为依据。仓库保管人员确认单据的真实性后，按照核准的数量、品种发出存货，这一过程最好由两人共同完成。领料单应连续编号。

3. 生产通知单

生产通知单是企业生产计划部下达的制造产品等生产任务的书面文件，用以通知生产部门组织产品的生产，供应部门组织材料的发放，财会部门组织成本的计算。生产通知单要预先连续编号。

4. 产量和工时记录

产量和工时记录是登记工人或生产班组在出勤日内完成的产品数量、质量和生产这些产品所耗费工时数量的原始记录。常见的产量和工时记录有工作通知单、工序进程单、产量通知单、工作班组产量报告、产量明细表、废品通知单等。

5. 工资汇总表和人工费用分配表

工资汇总表是进行工资费用分配的依据。它是为了反映单位全部工资的结算情况，并据以进行工资结算、总分类核算和汇总整个单位的工资费用而编制的。人工费用分配表反映了各生产车间和产品应负担的生产工人工资及福利费。

6. 材料费用分配表

材料费用分配表是用来汇总、反映各生产车间和各产品所耗费的材料费用的原始记录。

7. 制造费用分配表

制造费用分配表是用来汇总反映各生产车间和各产品所应负担的制造费用的原始记录。

8. 成本计算单

成本计算单是用来归集某一成本计算对象所承担的生产费用，计算该成本计算对象的总成本和单位成本的记录。

9. 其他

仓库控制的主要单据还有存货分类表、各部门使用情况统计表、存货盘点表、存货保管成本记录单等。

以上信息流程，还会涉及如下账户：原材料总分类账户以及相应的明细分类账，在产品、人工费用、制造费用总分类账户以及相应的明细分类账，差异账户，产成品总分类账户以及相应的明细分类账。

三、岗位分工与授权管理

（一）岗位分工

岗位责任制是存货与生产循环控制的关键。明确相关部门和岗位的职责权限，确保办理存货与生产循环的不相容岗位相互分离、制约和监督，是存货与生产循环控制的基础。在存货与生产循环的每一个环节设置相应的岗位，包括验收、保管、发料、清查、会计记录、处置审批等。企业应实行岗位责任制，明确相关部门和岗位的职责、权限，确保不相容岗位相互分离、相互制约和相互监督。

存货与生产循环不相容岗位主要包括：存货的保管与清查；存货处置的申请与审批；薪酬支付单的编制与分配；成本费用预算编制与审批；成本费用支出审批与执行；成本费用支出执行与相关会计记录等。

企业不得由同一部门或个人办理存货与生产循环的全过程业务，应当配备合格的人员办理相关业务。办理存货与生产循环的人员应当具备良好的职业道德和业务素质。

企业应当按照材料的验收入库、产品的验收入库、存货的仓储与保管、存货的领用与发出、薪酬计算等环节办理相关业务，并在各环节编制相关的记录，填制相应的凭证，建立完整的存货登记制度，加强各环节凭证和单据的核对工作。

（二）授权管理

企业应当建立存货与生产业务的授权批准制度，明确授权批准的方式、程序和相关控制措施，规定审批人的权限、责任以及经办人的职责范围和工作要求，严禁未经授权的机构或人员办理相关业务。审批人应当根据授权批准制度的规定，在授权范围内进行审批，不得超越审批权限。经办人应当在职责范围内，按照审批人的批准意见办理存货与生产业务，对于审批人超越授权范围审批的业务，经办人有权拒绝办理，并及时向审批人的上级授权部门报告。企业应当制定科学规范的存货与生产的业务流程，明确存货的取得、验收与入库，仓储与保管，领用、发出与处置等环节的控制要求，并设置相应的记录或凭证，如实记载各环节业务的开展情况，确保存货与生产业务全过程得到有效控制。

企业存货与生产业务涉及的要素比较复杂，因此，往往实行授权后的分权管理，授权管理由以下环节组成：

购买原材料（包括低值易耗品、包装物等）的申请，要通过生产、财务等部门共同审批完成；收入存货过程中发生的资金收益和费用支出的办理需要经过财会部门的批准；因生产需要导致存货在企业内部的转移需要得到主管部门的批准，以相关的审批文件作为存货转移的依据。

仓库管理部门进行存货保管人员配备时要得到高层管理部门的审批；存货储存地点的确定要经过生产技术部门的批准；存货储存成本的支出要得到财会部门的审核；存货离开储存仓库时，使用存货的部门或人员要出示授权审批材料，并应取得仓库管理部门的批准；仓库管理部门在销毁有关存货簿记、备查登记等文件资料时，需要经过高层管理部门的批准，同时还要获得财会部门的同意。

稽核小组制订清点或盘点计划，确定清点时间、频率时要向有关主管部门报告，得到批准后才能实施；清点过程中确定存货盘盈、盘亏的处理方法需要得到主管部门的审批；主管会计人员对存货清点结果采取的会计核算方法要经过财会部门主管的批准。

使用存货之前，生产、销售等部门要向主管部门提出申请，各部门在使用存货时，要向仓库管理部门出具生产计划或者存货使用预算审批材料，仓库管理部门核对审批单上的要素后才能发出存货。日常零星使用存货要获得本部门主管的批准，企业应该制定存货使用的权限分配制度，明确规定各级部门主管的审批额度，对于超出审批权限的额度要经过上级主管的批准。仓库管理部门对存货保管的调整方案要经过主管机关的批准，并确定在此过程中出现问题的责任。主管会计初步拟订出存货发出的核算方法后，要向财会部门主管报告，以便综合考虑存货发出成本计算对企业总体经营活动的影响等。

四、存货与生产循环内部会计控制的具体要点

（一）常见的错弊

1. 保管不善

保管不善是指没有指派专人对存货等资产进行严格的保管，不能及时发现存货的毁损变质等情况，且缺乏相应的监督程序，导致账面记录的存货价值不能反映真实情况。

2. 收发控制不严

收发控制不严是指收发存货没有经过严格的授权审批控制，具有很大的随意性，出现多发或少发的情况，或者没有通知会计部门及时记录，导致资产损失、账实不符。

3. 成本核算有误

成本核算有误是指对存货等资产的领用没有分类核算，导致相应的支出不能正确计入成本；成本核算缺少必要的复核，不能及时发现计算中出现的失误；虚列费用与支出，从而调节当年销售成本，操纵利润。

4. 销售成本结转不实

销售成本结转不实是指部分会计人员不能将成本在产品和完工产品之间进行正确划分，或者人为调节在产品和完工产品之间的划分比例，导致结转的销售成本不实，利润不实。

（二）存货与生产循环内部会计控制要点

1. 存货发出的内部会计控制

单位应当加强对存货领用与发出的控制。单位内部各业务部门因生产、管理、基本建设等需要领用原材料等存货的，应当履行审批手续，填制领料凭证。单位销售存货，应当符合《内部会计控制规范—销售与收款（征求意见稿）》中的有关规定。单位对外捐赠存货，应当履行审批手续，签订捐赠协议。捐赠对象应当明确，捐赠方式应当合理，捐赠程序应当可监督检查。单位运用存货进行对外投资，应当履行审批手续，并与投资合同或协议等核对一致。各单位应当建立存货处置环节的控制制度，明确存货处置的范围、标准、程序、审批权限和责任。单位处置残、次、冷、背存货，应由仓储、质检、生产和财会等部门共同提出处置方案，经单位负责人或其授权人员批准后实施。单位应当组织相关部门或人员对存货的处置方式、处置价格等进行审核，重点审核处置方式是否适当，处置价格是否合理，处置价款是否及时、足额收取并入账。单位应当建立健全存货取得、验收、入库、保管、领用、发出及处置等各环节凭证、资料的保管制度，并定期与财会部门核对，发现问题，及时处理。

厂部计划部门一旦批准了某种产品的生产，应当编制生产通知单，生产通知单一式三联：第一联由签发部门留存；第二联转交生产车间，作为车间组织生产的依据；第三联交仓储部门，作为仓储部门发料的依据。

生产车间在领用原材料时必须填制领料单，领料单要列示所需的材料种类和数量，以及领料部门的名称。领料单可以一料一单，也可以一单多料，通常需一式三联。仓库部门核对生产通知单以后向车间发料，领料单的一联连同材料交还领料部门，其余两联经仓库登记材料明细账后，送财会部门进行材料收发核算和成本核算。

2. 存货在生产过程中的内部会计控制

为了正确地核算产品成本，对在产品进行有效的控制，必须建立、健全成本会计制度，将生产控制和成本核算有机结合起来：一方面，生产过程中的各种记录，如生产通知单、领料单、计工单、入库单等都要汇集到财会部门，由其对它们进行审查和核对，了解和控制生产过程中的实物流转；另一方面，财会部门要设置相应的会计账户，会同有关部门对生产成本进行核算和控制。完善的成本会计制度应该提供有关原材料转为在产品、在产品转为产成品，以及按成本中心或分批生产任务通知单对生产过程中消耗的材料、人工和间接费用的归集和分配的详细资料。

（1）生产成本控制的业务环节

企业应建立相应的生产成本控制制度，加强对生产成本的控制，降低生产成本；同时，应保证生产成本信息的准确可靠，为改进成本控制方法、进行成本控制决策提供信息。生产成本业务主要由生产部门负责，同时，还涉及计划、劳资和财会部门。

生产过程中产生的生产成本从经济性质方面看，主要包括外购材料、外购燃料及动力、工资和福利费及折旧支出等。业务程序一般经历以下环节。

第一，企业技术部门会同生产成本发生部门制定材料、动力等费用的消耗定额与开支标准。消耗定额与开支标准的作用有三点：首先，它们是编制生产成本计划，并将费用指标分解落实到生产成本具体发生部门的依据；其次，它们是企业日常运作过程中管理当局控制各项生产成本的依据；最后，它们是计划和财会部门分析成本差异的依据。

第二，用料部门根据生产计划和消耗定额填制领料单，经部门主管人员审核签字后，据以领料；各个部门考核人员作出考勤和产量记录，经各个部门负责人员审核签字后，送交财会部门，作为计算工资、提取福利费及分配工资费用的依据；车间核算人员记录动力消耗情况，经主管人员审核签字后作为分配动力消耗费用的依据。

第三，财会部门根据各部门经审核签字后的各项费用开支凭证，结合各部门费用限额办理各项费用的结算业务，同时汇集各项生产成本的原始记录进行审核汇总，并按照生产成本的经济用途计入有关账簿。

（2）生产成本的控制措施

为保证单位生产成本业务会计核算资料准确可靠，保证生产成本业务合法合规，保证生产成本支出经济合理，保证生产成本计价正确真实，企业应根据生产成本业务的特点以及生产经营对生产成本管理的要求，采取以下相应的控制措施。

第一，为保证生产成本业务符合授权要求，保证生产费用支出经济合理，企业各车间和职能部门需要开支的各项费用，在由专人填制有关凭证后，要经过车间或部门负责人员进行审查批准。对于超出限额或预算的费用开支则由上级主管人员审查批准。

第二，为保证生产成本业务合规合法，保证生产成本业务核算准确，企业仓库保管人员应认真复核经过批准的领料单的领料数量是否超过限额、手续是否齐全，再在领料单上签章并据以发放材料；劳资部门复核车间和其他职能部门转来的考勤记录、产量记录等原始记录后，签发由财会部门提供的工资结算单；财会部门检查各种以货币资金形式支付的综合性费用支出是否超过限额或预算、手续是否齐全后，办理货币资金结算。超过计划或预算的费用开支，应检查是否经过适当的批准手续。

第三，为保证生产成本业务记录有效，保证生产成本业务核算准确，企业财会部门有关人员应分别审查由采购、劳资等部门转来的各项费用开支原始凭证及转账凭证基本要素的完整性、处理手续的完备性、经济要素的合法性、计算要素的正确性，并签字盖章以示审核。

第四，为保证账表、账证相符，保证生产成本业务记录完整及账务处理正确，企业在记账前，稽核人员审核材料发出汇总表、工资结算汇总表、固定资产折旧计算表及其他费用支出原始凭证基本要素的完整性、处理手续的完备性、经济要素的合规合法性、计算要素的正确性；审核转账凭证基本要素的完整性、处理手续的完备性、其所反映的费用归集要素和金额与原始凭证的一致性，并签字盖章以示稽核。

第五，为保证生产成本业务有据可查，保证生产成本业务账簿之间相互制约和及时提供准确的生产成本核算信息，企业生产成本明细账主管会计根据原始凭证或记账凭证及时登记生产成本等明细账，登记完毕后，核对其发生额与原始凭证或记账凭证的合计金额，并签字盖章以示登记。生产成本总账会计根据记账凭证登记生产成本总账，登记完毕后，核对其发生额与记账凭证的合计金额，并签字盖章以示登记。

第六，为保证账账相符，保证生产成本业务账务处理正确及会计资料准确，企业应在稽核人员监督下，生产成本明细账主管会计与生产成本总账会计定期核对生产成本明细账与生产成本总账的发生额和余额，并相互取得对方签证以示对账。

3. 成本核算系统的内部控制制度

（1）建立产品成本的核算制度

产品成本的核算制度，是指将一定期间的生产费用，按各种产品进行归集，并在完工产品和在产品之间进行分配，以求得各种完工产品总成本和单位成本的制度。产品成本核算制度包括以下内容：

第一，确定成本计算对象。成本计算对象是指为了归集和分配生产费用进行成本计算而确定的生产费用的承担者，包括产品品种、产品加工步骤、产品批别等。确定成本计算对象时，应考虑生产类型的特点和成本管理的要求。

第二，设置成本核算项目。成本核算项目一般包括直接材料、直接人工和制造费用（即通常所说的料、工、费）。企业可以根据自身特点设置符合生产过程的一些成本项目，比如企业可以设置燃料和动力、废品损失等。

第三，确定成本计算方法。产品成本的计算方法有分批法和分步法两个基本方法。

产品成本的分批法适用于单件生产、可识别产品（如轮船或珠宝等）成本的核算。在这种方法中，材料和人工以实际支出分配计入或直接计入各批别产品成本，而制造费用通常使用预先设定的分配率计算分配额计入产品成本。

分步法适用于大批量连续式多步骤生产的产品成本核算（如纺织厂、炼钢厂等）。在分步法下，按产品的生产步骤归集原材料费用、人工费用和制造费用，会计期末按产品的生产特点分别采用逐步结转分步法或平行结转分步法计算成本。

必须指出的是，一个企业采用的成本计算方法不是唯一的，因为企业在从事产品生产的过程中，由于生产特点和管理要求不同，采用的成本计算方法也不完全相同。所以，企业可以根据自身特点以一种成本计算方法为主，结合其他几种成本计算方法的某些特点而综合应用。

（2）成本核算内部会计控制的内容

为保证产品成本计算的准确可靠，企业应根据生产过程的特点以及经营管理的要求，在生产成本核算过程中设置以下控制点，并采取相应的控制措施。

第一，企业财会部门根据审核后的领退料凭证、工资结算单以及其他有关费用的原始凭证，按照费用的用途归类，划分应计入生产成本的费用和不应计入生产成本的费用，并按照成本项目编制各项费用汇总表和分配表。

第二，企业财会部门应会同生产部门定期清查盘点产品，核实产品数量，确定产品完工程度，及时处理盘亏、盘盈及报废的产品，编制产品盘存表。

第三，企业财会部门成本核算人员应在规定的时间内，根据各项生产费用汇总表和分配表以及在产品盘存表，把已经发生应归入生产成本的生产费用在各个期间、各种产品以及完工产品和在产品之间进行分配，计算出完工产品的总成本和单位成本，并编制生产成本计算单。

第四，企业财会部门主管人员应在生产成本计算出来之后，检查成本核算方法是否适当、分配方式和分配比率是否合理、核算程序是否合规、计算结果是否正确，对比已经计算出来的生产成本与计划成本或上期实际成本，检查是否存在差异。复核无误后，在生产成本计算单上签章以示复核。

第五，企业财会部门主管会计根据复核的生产成本计算单，编制生产成本汇总表，填制有关记账凭证，及时结转生产成本，并根据生产成本计算单及有关科目余额编制成本报表。

第六，为保证账账相符，保证生产成本业务账务处理正确及会计资料准确，在稽核人员监督下，生产成本明细账主管会计应与生产成本总账会计定期核对生产成本明细账与产品成本总账的发生额与余额，并相互取得对方签章以示对账。同时还要核对成本报表资料，做到账表及表表相符，核对无误后签章，并送单位负责人审核和签章。

第七，建立生产成本的差异分析制度，产品成本计算无误以后，相关人员应及时分析实际成本和标准成本之间的差异，找出原因，提出改进措施。

4. 完工产品入库和保管的内部会计控制

（1）存货入库的控制

仓储部门从生产部门收到存货（产成品或半成品）时，最好采用永续盘存制进行控制。永续盘存制提供了较好的控制，因为它能定期将现有存货与存货记录进行核对。存货入库时，仓库管理人员要合理确定存货的存放地点、存放顺序；企业监督部门要对入库的全过程进行监控，及时处理发现的问题，同时防止舞弊行为的发生。仓库管理人员要和验收人员进行工作交接，在交接时双方应该约定各自的权利、责任。交接工作完成后，仓库管理人员和验收人员要在有关的文件资料上签章以示负责。

（2）存货保管的控制

存货保管控制主要是对存货的安全、储存和使用效率进行控制。具体要素包括六个方面。

第一，授权使用。存货的使用需要经过授权审批，并且生产、销售、财务等部门应该保持协调，得到共同授权之后才能使用存货。仓储、保管部门应当建立岗位责任制，明确各岗位在值班轮班、入库检查、货物调运、出入库登记、仓场清理、安全保卫、情况记录等各方面的职责任务，并定期或不定期地进行检查。

第二，库存成本。过多的闲置存货会导致企业存货储存成本的增加，这就降低了存货使用的经济效益。仓库会计应该及时与生产、销售部门沟通，反馈存货余缺的情况，保持合理的存货库存水平，既能满足经营活动的需要，又能节约成本。

第三，限制接近。存货是容易丢失、毁坏的重要资产，应该制定严格的存货限制接近制度，任何人未经许可都不得接触存货以及有关的记录。应该设专人对重要的存货仓库进行保护。

第四，建立存货的分类管理制度。对贵重物品、精密仪器、危险品等重要存货，应当采取额外控制措施，确保重要存货的保管、调用、转移等经过严格授权批准，且在同一环节有两人或两人以上同时经办。企业应当按照国家有关法律法规要求，结合存货的具体特征，建立、健全存货的防火、防潮、防鼠、防盗和防变质等措施，并建立相应的责任追究机制。应该根据存货的物理性质将其放在适宜的环境中，延长存放时间，防止存货的变质和污染。还要注意存货仓库的选址，应该尽量靠近生产车间，特别是沉重、面积较大的存货，这样可以提高使用效率。

第五，建立存货抽检制度。存货经常处于快速流动的状态中，虽然财会部门定期对存货的结存进行盘点，但是仍然可能出现问题。这就要求对于重要的存货，仓库管理人员应该每天都对存货的出、入情况进行抽查，在存货使用种类不多的情况下可以全部检查，期末再由会计稽核人员进行复核，这样能够将风险降到最低水平。

第六，仓库人员的相互牵制。仓库记录人员和保管人员不能由同一人担任，仓库管理人员应该按照有关制度规定行使权力。进出仓库时需要进行登记，并且签字确认，以明确责任。建立仓库的约束激励机制，对于管理成绩较好的仓库和人员给予一定的物质奖励。

（3）存货退出企业的控制

第一，存货损坏的控制。存货的毁损导致企业资产的减少，而且在很多情况下损坏的存货还具有一定的使用价值。存货的管理人员应该对存货经过的业务环节进行检查，找到存货毁损的原因和有关责任人，无法明确责任时按照有关规定处理。仓库记录人员应该填制存货毁损清单，记录存货损坏的数量、品种以及产生的影响；财会部门根据毁损记录进行相应的会计处理，及时形成报告传递给上级管理人员。

第二，存货丢失的控制。存货丢失从性质上讲不同于损坏，大量的存货丢失必然隐藏着舞弊的可能。仓库人员应该及时登记存货丢失的有关记录，如存货入库日期、数量、名称和出库记录，并与涉及的部门和人员进行核对，查明丢失的原因。如果是发货过程中的合理丢失、损耗，由会计人员直接计入成本；如果是人为错误、疏忽导致的丢失，由直接责任人赔偿；如果查明是人为舞弊造成的丢失，则仓库管理人员应该向企业的高层管理人员报告，等待批准后处理。

（4）存货期末清点的控制

企业应当建立健全存货清查盘点制度，仓储部门和财会部门应该定期或不定期地对重要的存货进行盘点，盘点频率和盘点品种的确定要符合成本效益原则，及时发现并掌握存货的灭失、损坏、变质和长期积压等情况。存货发生盘盈、盘亏的，应查明原因，分清责任，并及时报告有关部门。盘点之后要填制存货盘点报告以备查，对于出现的问题要及时处理。存货盘点工作由财务、仓库和各级主管共同进行，主要检查账面记录的发生额、余额，发出量、剩余量与实际库存量、发出量是否吻合。对于实行标准成本预算的企业，还应该根据清点的结果分析预算执行的效果，对产生的差异进行分析，编制差异分析报告，注重效益分析。企业应当创造条件，逐步实现存货的信息化管理，确保相关信息及时传递，提高存货运营效率。

（5）存货期末计价的控制

企业应按照成本与可变现净值孰低对存货进行期末计价，即当成本低于可变现净值时，存货按成本计量；当成本高于可变现净值时，存货按可变现净值计量。

企业应当加强对存货跌价的会计核算，及时掌握存货价值变动情况。确认、计量存货跌价的依据应当充分，方法应当正确[①]。为了更真实地反映企业

---

① 万依云. 审计基础与实务［M］. 武汉：华中科技大学出版社，2022.

资产的实际价值，期末应对存货计提跌价准备。对于不同类型的存货应当采取不同的标准，对于没有市价的存货，应该尽量以类似商品的市场价格作为参考；对于发生损坏、变质、使用价值减少的存货，应根据具体情况多提准备，及早收回成本，使企业损失降到最低。

第四节　销售与收款循环的内部会计控制

销售与收款循环涵盖了与销售形成和从客户那里收取款项相关的所有行为。这是公司主要的商业活动之一。销售和收款的循环机制让企业有机会获得收益，而这些收益构成了企业盈利的核心。销售与收款的循环涵盖了所有与销售和客户收款相关的活动，涉及的部门众多，环节复杂，再加上确认销售收入的难度和回收应收账款的风险，这使得销售与收款循环更易出现不正当行为，因此，对销售与收款业务的控制显得尤为关键。在制定商品或劳务的定价准则、信用准则和条件，以及收款方式等销售政策时，单位应充分利用会计机构和人员的专业能力，加强对合同签订、商品发货和账款回收的会计监管，以减少或避免不良贷款的损失。

一、销售与收款循环内部会计控制的目标

在企业的经营过程中，销售业务占据了关键的位置。一个企业的盈利和经营成果主要在销售环节得到体现，因此，加强销售环节的内部会计控制对于整体的内部会计控制体系至关重要。

在销售和收款的循环过程中，控制的主要目标是确保所有从商业活动中获得的收益都能被准确地记录、整理和存入银行，以避免任何形式的错误和欺诈行为。更具体地说，目标是确保销售收入的真实性和合理性，保障企业货品的安全性和完整性，以及销售折扣和退货的合理性和适当性。同时，也要确保及时和足额地收回货款，以及货币资金的安全和完整性，从而确保销售业务能够流畅、有效地进行。

二、销售与收款循环的业务流程及信息流程

销售和收款循环涉及所有与销售活动以及获取销售收益有关的方面。我们需要面对的是，企业产生的收益种类、方式以及对其的管理策略都有所变化。举例来说，零售业和制造业都会有各自独特的监管方式，与此同时，生产型企业同样会有一系列与批发商截然不同的管理控制。通常而言，企业主要是通过设立特定业务流程的内部监控机制来确保自身运营的有效性。

（一）业务流程

制造业企业的销售与收款循环通常包括以下活动。

1. 制定销售计划或销售预算

企业应根据生产能力和对市场需求的调查，确定销售计划或销售预算。

2. 接受客户的订单

当企业进行市场推广或其他相关活动时，通常会收到客户的购买订单。这些订单直接决定了销售行为的规范性，销售主管通常负责决定是否接受这些订单。因此，销售部门对接收到的客户订单必须予以确认，并将确认后的订单及时报送至销售部门。在收到订单之后，销售部门有责任进行详细的登记工作。在核实了客户订单的具体内容和数量，并确认企业能按计划供应货物之后，应编制销售通知单，作为信用、仓库、运输、开票和收款等相关部门执行职责的依据。

3. 授予信用

在激烈的市场竞争环境下，提供可靠的商业信誉有助于吸引更多客户并增加销售额。然而，为了降低因提供商业信用而产生的坏账风险，企业应该对拟授信的客户进行资金信用状况的分析，从而为不同的客户提供不同的信用政策。信用部门有责任创建并持续更新与客户信用相关的记录。对新加入的客户，需要进行适当的信用评估，设定信用上限，并得到企业高级管理人员的批准。当客户在这个限定额度内购买商品时，信用机构有权给

予批准；如果超出了这个限额，信用部门应依据授信额度的相关记录来决定是否同意赊销；对于那些获得赊账批准的客户，信用部门应当在销售通知单上签字确认。

4. 发货

仓库根据信用部门核准的销售通知单发货，并编制发货凭证，如出库单等。发货凭证也是登记账簿、开具发票的依据。交货有提货制、发货制、送货制等多种方式。

5. 开具发票

在销售订单、销售通知单、出库单（或提货单）等核对相符的前提下，会计部门开具正式的销售发票。

6. 记录销售

开具发票之后，会计人员应编制相应的记账凭证，并负责登记相应的应收账款明细账和总账、主营业务收入总账和明细账、库存商品总账和明细账等。

7. 收款并记录款项

根据约定的付款条件及方式向客户办理货款的结算，并根据商品销售及货款结算情况在现金或银行存款日记账和应收账款明细分类账中记录收到的款项。

8. 核对账册

核对应收账款明细分类账与应收账款总账，并编制定期核对报告。

9. 坏账处理

对确实无法收回的应收账款，经批准后可作为坏账进行处理。对已经冲销的应收账款，应在备查登记簿登记，以便在已冲销的应收账款日后又收回时进行会计处理。年末，根据应收账款的余额或账龄分析等方法确定本期应计提的坏账准备的数额。

10. 其他

如在销售过程中还涉及销售退回、销售折扣、销售折让等调整业务，要认真审核这些业务发生的真实性，防止舞弊及作假。

（二）信息流程

根据上述销售与收款循环业务流程，应通过相应的单证和记录予以反映和控制，并确保单证传递渠道流畅。销售与收款循环涉及的单证和记录信息有很多。

1. 客户订单

客户订单是客户要求购买商品的证明，通常是由客户或销售部门生成的。如果来源于客户，那就相当于一张订购单。在某些情况下，企业的销售部门会制定销售订单，这些订单应当详细描述商品的核心信息，例如发货的时间、地点和方式，并明确列出经办人、审核人和核准人及合同号等信息。

2. 销售单

销售单或销货通知单在填写订单时，应详细列出客户订购的商品名称、规格、数量、价格以及其他与客户订单有关的信息。销售单必须有连续的编号，并需要经办人、审批人等人签字确认，若出现赊账情况，信用审批人还需提供相关意见。销售单是销售方在内部处理客户订单时的关键参考。销售单应当具备一式几联的设置，销售、仓库、生产（在订单生产时）、财务等各个部门都应妥善保存，销售部门还需对销售单的内容进行必要的记录。

3. 发运凭证

发运凭证（也称为装运凭证）可以是发货单或者提货单，这些都是在商品发出时制定的，旨在展示商品的具体规格、数量、品名和型号等信息。如果货物是由客户直接从销售公司提取的，那么可以依据提货单进行提货，并在提货单上注明销售方各个职能部门的建议；如果货物是由销售方负责运输的，那么可以根据发货单进行发货，并将其中一联寄给对方。发货时，发运凭证不仅是发货的根据，同时也是向客户开具发票并收款的重要依据。

4. 销售发票

销售发票是由销售方向购买方出具的一系列票据，其中包括增值税专用发票和普通发票。这些销售发票详细列出了已销售商品的型号、规格、品名、数量、销售单价、金额、开票日期、付款条件，以及运费和保险费的价格等信息。我们将销售发票一联发送给客户，剩下的部分将作为财务部门的留存或记账的依据。销售发票不仅是税务计算的关键参考，还必须得到妥善保存，并在发票登记册上对未填写的销售发票进行详尽的记录。某些公司选择使用收据来代替销售发票，从管理的角度看，这种情况下的收据也应该有连续的编号，并与发票保持相同的格式和联数。在销售发票被开具的时候，如果还没有收到货款，那么应当由对方进行回执，并明确标注尚未支付的货款。

5. 商品价目表

商品价目表列有销售企业对各种商品的销售单价、可以给予优惠的条件。商品价目表作为价格清单属于销售企业机密资料，不可以任意对外披露，同时在销售政策发生变化时要及时对价目表进行修改。

6. 贷项通知单

贷项通知单用来表示因销货退回、折让等原因造成应收销售款下降，其格式与销售发票相同，只是贷项通知单属于销售企业的内部凭证。故真正引起退货或折让时，往往需要对方将发票退回重开发票，或者凭对方证明（属增值税专用发票的，仍需对方税务局出具凭证）开出红字发票，予以冲销。

7. 应收账款明细账

应收账款明细账（包含应收票据明细账）的主要目的是详细记录每位客户的赊账销售、货款的回收、销货的退还以及折让情况。应收账款的明细账应由专业人员根据客户的订单、销售单、发货证明、销售发票和记账凭证进行记录。对于存在预收款或预收定金销售货物的情况，应收账款明细记录应将预收款或预收定金冲销，以确保应收账款余额的准确性。应收票据明细账的主要功能是记录客户接收到的各种结算票据，如本票、汇票等，并在明细账上展示票据的面值信息。

8. 主营业务收入明细账

主营业务收入明细账的主要功能是详细记录销货业务的收入情况，并根据不同的销售结算方法（即收入实现的判定条件）来决定销货业务是否确认了收入。对于选择赊账销售的情况，通常会同时确认收入和确认债权。主营业务的收入明细账应当详细记录销售的商品的型号、规格、品名、销售单价、数量和总金额等信息。对于退回的商品，应当迅速冲减已经确认的主营业务收入。主营业务的收入应与其成本相匹配，这包括在销售的商品的型号、规格、品名和数量上的比例。

9. 折扣与折让明细账

折扣分为现金折扣和销售折扣，其中前者是为了尽快收回货款而给予客户的回扣；后者的出现是因为客户购买的商品数量众多，从而为客户提供了折扣优惠。折让是因为销售的商品种类和质量无法满足客户的需求，为了防止退货，给予客户货款的折让。作为主营业务收入明细账的备抵账户，折扣与折让明细账应详细记录折扣和折让的原因、金额等信息。

10. 汇款通知书

汇款通知书是客户在付款时寄回给销售企业的凭证，此通知书一般由销售企业在寄送销售发票时一并寄给客户。汇款通知书应注明客户的姓名、销售发票号码、销售企业开户账号以及金额等内容。

11. 现金、银行存款日记账

对于客户用支票结算货款的（包括现金支票、转账支票），应作为银行存款的增加，并逐笔序时记录；对于零星销售，客户用现金结算的，应作为现金的增加逐笔序时记录。日记账记录依据是收款凭单及收款记账凭证。

12. 客户月末对账单

客户月末对账单，销售企业经常寄给客户，供购销双方经常核对账目。客户应在月末对账时说明应收账款月初结余情况，当月所有销售业务数额，当月收到款项，每份贷项通知单数额和月末结余情况。销售企业在月末发送对账单时，要及时和对方取得联系，确认其接收和核对的情况，最后要进行确认。

13. 货款催收通知单

当应收账款快到期或已逾期时，销售企业应寄送货款催收通知单，提示对方结清货款。货款催收通知单应列明应收货款余额、催收原因等。

14. 票据备查登记簿

如果客户用票据（包括承兑汇票、本票）进行结算货款的，对票据除了在应收票据明细账记录之外，还应设置票据备查登记簿，记录票据种类、签发日、到期日、利率、金额、贴现等情况。

15. 其他凭单及记录

销售与收款可以按控制需要设置销售日报表、销售月报表、销售商品品种分类明细分析表、销售商品区域分类明细分析表、销售人员业绩分析表、销售客户分析表等。

三、岗位分工与授权管理

（一）岗位分工

企业在进行销售和收款业务时，应当确立明确的岗位责任制度。根据从销售到收款的各个环节，应设立相应的岗位，如销售、发货和收款等。同时，应明确相关部门和岗位的职责和权限，确保在销售和收款的循环中，不兼容的岗位能够相互独立、相互制衡和相互监督。

销售部门（岗位）负责处理订单、签署销售合同、执行销售政策和信用政策、催收货款；负责发货的部门或岗位有责任检查销售发票和其他相关文件是否完备，并办理发货手续；财务和会计部门（岗位）主要负责销售款项的结算、记录以及货款回收的监督和管理；在条件允许的情况下，各单位可以成立一个专门负责信用管理的部门，该部门将负责进行客户信用状况的调查、建立客户信用记录、确定客户信用额度、审批销售部门的授信申请，并制定相应的企业信用政策。

企业不得由同一部门或人员办理销售与收款业务的全过程，单位销售与收款业务的不相容职务应包括以下几个方面：

（1）接受客户订单、签订合同应与最终付款条件核准的岗位相分离，即使由同一部门承办，也应由不同的人员来操作；

（2）对于信用政策必须由销售部门和信用部门共同批准；

（3）发货凭证的编制与发货、提取货物或托运货物不能为同一人，发货人与门卫保安应相分离；

（4）开具发票与发票审核岗位应当分离，编制销售发票通知与开具销售发票应分离；

（5）应收账款记录与收款岗位应当分离；

（6）催收货款与结算货款应当分离；

（7）退货验收的人员与退货记录的人员不能为同一人；

（8）折扣与折让的给予与审批应当分离；

（9）单位不能由同一部门或人员办理销售与收款业务的全过程。

（二）授权管理

为确保销售和收款的流程控制目的得以实现，公司必须建立严谨的审批授权体制，并明确各相关部门和职位的权责。这需要确保每一个部门和职位在执行业务时都已经获得正式的授权。具体地，这种授权审批应该有明确的方式、权限、流程、职责和相应的管理控制方法，并对执行者的职责和所需工作内容进行明确规定。具体包括以下几点：

（1）明确审批人员对销售与收款业务的授权批准方式、权限、程序、责任和相关控制措施[1]；审批人应当根据销售与收款授权批准制度的规定，在授权范围内进行审批，不得超越审批权限；

（2）单位应当建立健全合同审批制度，审批人员应对价格、信用条件、收款方式等要素进行审批。赊销业务必须经过信用部门审批。销售价格、折

---

① 王同孝，王以涛. 高等学校内部控制理论与实务［M］. 应急管理出版社，2021.

扣等必须经过授权批准。核销应收账款或确认坏账必须经过授权批准；

（3）规定经办人办理销售与收款业务的职责范围和工作要求。经办人应当在职责范围内，按照制度规定和审批人的批准意见办理销售与收款业务，对于审批人超越授权范围审批的销售与收款业务，经办人员有权拒绝办理，并及时向审批人的上级授权部门报告；

（4）对于金额较大或情况特殊的销售业务和特殊信用条件，单位应当进行集体决策，经过有审批权限人员的审批后方可执行，防止决策失误而造成严重损失；

（5）严禁任何未经授权的机构和人员经办销售与收款业务。

四、具体的内部控制要点

（一）常见的错弊

销售和收款的常见错弊行为常常导致其内部会计控制形同虚设。若这种控制得不到合理的执行，很可能会引起现金流回收困难或出现舞弊，从而给企业带来巨大的经济损失。主要表现在以下几个方面。

1. 发货控制混乱

因对商品的签发缺乏合理凭单控制而导致部分企业商品被侵占。比如，有些企业直接由车间送货，没有办理进库、出库手续，商品由内部人提取；一些商家内外勾结，门卫疏于严密看守，仓库货物出现紧缺等现象屡见不鲜。

2. 凭证控制不严

各类销售凭证疏于管理，销售单、装运凭证和发票未连续编号，也未建立健全凭证保管制度，造成多计销售或少计销售，内部人员私自涂改、销毁和伪造凭证的行为为不实记录和贪污舞弊的行为提供了可能。

3. 授信不当

许多企业对客户信用情况认识不足，或者内部未制定合理授信制度，或者未严格按信用标准进行越权审批授信，造成应收账款存在大量坏账，企业在面临较大财务风险的同时，应收账款账面价值也严重不符合实际情况，企业有虚盈实亏之势。

4. 费用失控

销售费用没有有效的预算或控制措施，一些企业销售费用虚增，造成企业损失。

5. 调节利润

企业不遵循收入实现原则来确认收入，而是出于各种目的提前或推迟确认收入，甚至虚构确认销售收入来操纵利润。

（二）控制的具体要点

1. 客户订单合同管理

销售部门从客户那里接到的订单标志着销售流程的开始。为确保销售活动的合法性与高效性，只有在获得适当的授权和批准之后，客户的订单才能被执行。客户订单控制的核心步骤主要涵盖了订单审核以及订单记录。

（1）订单审核

在接到客户的订单之后，销售部门应首先将其提交给企业的信用管理部门，以完成相关的审批流程。对于长期客户的订单，信用管理部门主要负责检查本次订单的数量、价格等方面；如果客户的订单数量超过了历史记录，那么信用管理部门应该要求客户提供最新的会计报告，并根据客户的近期财务状况来决定是否接受订单。面对新客户的订单，信用部门有责任要求他们同时提交能够证实其信用状况的相关资料和财务报告。基于对其资信状况和会计报告的分析，决定是否批准其购买订单以及所允许的信用上限。不管是哪种类型的订单，如果涉及赊账销售，都必须得到信用部门负责人或其他有授权的人的书面同意才能进行；在处理现销业务时，订单的审核过程相对直接，可以只针对订单的数量、质量要求和发货方式进行评估，但这还需要销售部门负责人的签字确认。

（2）订单记录

鉴于客户的订单是销售成功的关键，所以，确保订单的详细记录变得尤为重要。销售部门有责任建立一个订单登记册，确保每一个收到的订单都被准确地记录在这个登记册上。要详细记录订单的接收时间、数量、定价，以及销售和客户支付的情况，这样做是为了积累客户的详细信息，并确保能从中筛选出信誉高、交易量大的客户。一旦业务达成交易，销售的执行状况和客户的付款情况都应在订单登记册上进行详细记录。

销售合同和采购合同一样，也应确保合同条款公平、完整，销售企业应有合理的合同管理制度，包括合同签订、修改补充、取消、合同保管、传递、编号等，以订单取代销售合同的，应将订单统一管理。

具体而言，在收到顾客外部销售订单时，销售订单责任人将根据批准的顾客清单对顾客进行审核。若该客户未列在销售清单中，那么销售订单必须得到一个具有相应授权的高级管理人员的批准，通常是销售经理，然后负责销售订单的员工会检查是否有现货供应，如果没有的话，那么商品能否在顾客规定期限内获得。

在完成上述的审核之后，一个带有预先编号的多联销售订单表格也随之完成填写。销售订单的表格涵盖了摘要、数量以及其他与客户订单有关的详细信息。至少需要编制一个包含六联的销售订单，也被称为销售订单包。在每一个销售订单被发送至相关部门之前，首先需要将销售订单包提交给信贷部门进行审批。一旦信贷部门给予批准，销售订单包便会重新返回给销售部门。

在六联的销售订单包中，第一联返还客户作为回执；第二联送到应收账款部门作为收款凭据；第三联和第四联送到仓储部门，其中一联保留在仓储部门，第四联（和客户订单一起）用于批准提取货物以便装运；第五联送到运输部门来批准货物的发运；第六联由销售部门留存以便核对。

2. 货物发运的内部控制

在货物发运环节中，很重要的一个凭证就是发货凭证。一是要把预先批准的客户订单的各项内容记入内部统一格式发货凭证中，确认所订购商品有存货可售；二是出货过程中所需要的种种授权与审批要能够从出货凭证中得到证实，比如信用授权，折扣授权，出货审批等等；三是发货凭证应该成为提货，发货，放行，记账和支付的主要证据。所以发货控制制度中最重要的一环是发货凭证的改进设计，其中包括格式，编号和传递路径。

发货控制应按发货凭证上载明的发货品种、规格、发货数量、发货时间、发货方式组织发货，使实物流转与凭单流转相一致。从货物离开仓库或车间到达客户整个环节应确保货物的安全、高效。发货控制不仅仅涉及正常销售商品，还包括样品、赠品、搭售品、寄销品及展品等。

具体来说，仓储部门收到适当核准的销售订单联后才能发出货物。设计这个控制程序可以防止没有批准的货物从仓库中搬走。

只有在运输人员将销售订单的仓库联和运输部门的销售订单联核对之后，货物才能被提取并发送给客户。在确认没有错误之后，完成预先编号的多联装运单，通常是指提货单。提货单是一个多联表格，列出了发货的项目、运输的说明事项，以及作为承运人已经收到的货物的凭证。

提货单至少要编制一式四联：第一联与货物一起送到客户手中；第二联发送给核准的承运人；第三联和客户订单、销售订单仓储联一起送到应收账款部门；第四联和销售订单的运输联一起留在装运部门以备日后参考。

3. **客户退货的内部控制**

单位应当建立和健全销售退回管理制度。如果货物被客户退回，必须立刻调查退货的原因，如果可能应进行更正。货物一旦退回，就要编制客户的贷项通知单，然后据此记录销售退回日记账，应收账款总分类账，应收账款明细分类账和销售退回账户。

（1）销售退回的审批

为了维护单位的良好形象，当客户对商品不满意而要求退货时，单位应接受退货，但必须经过单位销售主管审批后才能办理有关手续。

（2）销售退回的质量检验和清点入库

销售退回的货物必须先经过质量审查机构的检验与验收，然后由储存部门核查之后方能存入仓库。质量检验部门应当对退回的货物进行全面的质量检查，并提供相应的检验证明文件；在完成货品的核对与明确标注退还商品的种类和数目以后，仓储部门应当仔细填写退货接收的报告文件。退货的接收报告单是记录和控制退货商品的关键工具，并且应当在退货发生之前预先编号，以便准确填写。那些负责填写报告单的工作团队，不应该同时承担货品的发运职责。所有相关的信息，例如客户名字、退货情况、退货数量、日期、退货细节、发票号码、收费以及退货动机和其他详细信息，都应当被详细记录在报告单当中。退货的接收报告表应该由与发货及收货职能无关的人员来进行监控与审核。

（3）调查退货索赔

当收到来自仓储部门的退货接收报告单后，单位内的客户服务部门应对该客户的退货需求进行详细审查。此项调查的核心目标在于验证退货商品索赔的合法性和合理性，以及确定客户应当支付的合理与有效的赔偿款。调查完成后，客户服务部门应当将这些调查成果和观点记载在退货接受的记录报告中，并交给信誉、财务和销售部门作为最终审查的基准。

（4）退货理赔核准

退货和理赔的最终决策要交由销售部门进行审核和批准。此项审批基于仓储部门发出的退货接收报告单，以及客户服务部门对于退货调查所得出的结果及看法。任何合理且有效的退货，都需审核并批准退款索赔流程，并在退货接收报告单上签字确认。

（5）填制红字发票

销售人员应当基于验收报告及退货单完成一份多联红字发票的填写。经过财务主管的核实后，会计人员可以调整其核心业务的收入、应收账单或处理其他相关财务事务。在完成审核的检验证明、退货接收的报告单以及退货方提供的证明文件后，财会部门应当开始处理相应的退款请求。

4. 发票管理

销售发票是销售业务的真实记录，是收取货款的依据，如果在此环节缺乏有效的控制，将会导致舞弊行为或收入记录不实。销售发票的控制主要有以下几点。

（1）授权控制

即发票开具人必须经过授权，任何未经授权的人员不得开出发票。

（2）明确发票管理和领用制度

即指定专人负责发票的保管和领用，尤其是增值税专用发票。发票使用人领用发票必须签章，并注明领用发票的号码，以明确责任。

（3）开具依据控制

销售发票的出具要有客户订单，销售通知单和信用核准单。开发票时须根据销售通知单连续编号，确保所发商品均开发票。在签发时还要对实际发运的数量进行检查，以确保所签发货物的销售数量都得到了验证；检查客户名称是否符合客户的订单；检查发票价格是否符合价格目录或者信用部门、销售部门核定的数额。

（4）复核控制

建立发票复核制度，由独立于发票开具人的其他人员对发票的构成要素进行复核。

（5）对发票总额应该加以控制

即对所有发票应定期给出合计金额，以便与应收账款或销货合计数进行核对。

（6）使用和保留连续编号的发票

开票人员还应该使用和保留连续编号的发票，包括已作废的发票；独立于发运货物和开票人员的其他人员应该定期检查事先连续编号的销售发票和发货通知单。

具体而言，财会部门接到销售订单联，连同运输部门销售订单、提货单及客户订单，经核对无误，签发事先编号、多联销售发票。列出实际交货数量、品种、规格、单价、金额和增值税税额。价格应按企业价目表进行填制，并需经过专门审批的价目由当事人指示。最少准备一式三份销售发票，第一联给顾客；第二联作为销售日记账的记录使用，然后作为普通分类账的更新使用；第三联与两联销售订单，其中一联为提货单，另一联为客户订单，一并送至应收账款部门，用于准备应收账款明细分类账及客户月报表。

5. 客户信用等级管理

如何在扩大销售量的同时及时回收款项，减少坏账损失，是每个企业所期望达到的一个目标。这需要各单位建立科学、合理、有效的信用分析和控制制度，其控制的主要环节有以下几方面。

（1）设立独立于销售部门的信用管理部门，建立客户信用档案

除了对于客户基本资料的收集、记录之外，应重点对其付款态度、付款方式、信用限额等予以反映。

（2）进行客户资信状况分析

信用管理部门重点分析顾客是否合法，银行是否对顾客进行信誉评价，顾客货款回笼是否及时，顾客是否履约。并以此为基础对每一位顾客进行信用等级评定，并依此制定信用条件及信用限额。

其内容包括按信用等级分别管理和信用等级定期核查两个方面。

第一，不同信用等级客户的管理。对信用等级评价不是最终目的，最终目的是利用信用等级对客户进行管理。企业和各销售区应针对不同信用等级的客户采取不同的信用或赊销政策。

对 A 级客户，信用好的可不设限额，也可从宽管制，当客户资金周转偶有困难，或者旺季进货量大，资金不到位时，可规定赊销额度及回款期限。但赊销额度以不超过一次进货为限，回款宽限以不超过一个进货周期为限。

对 B 级客户，可先定一限额，然后视信用状况逐步放松。通常需要现款现货。但是在怎样对待现款现货的问题上，要注意艺术性而不能使顾客为难。应在弄清顾客是否真的已经备款或备付时，才告知企业交货。特殊情况下可使用银行承兑汇票进行清算，并允许零星货款赊欠。

对 C 级客户，要认真审核，可授予少量信用额度也可不予授予信用额度

并索要现款现货。如对于某一拖欠货款较大的顾客，业务员应果断地要求付清现款，同时考虑到顾客一旦倒闭时应当采取的补救办法。不能把 C 级客户作为企业主要客户来对待，要逐步代之以信誉好、经营实力强的客户。

对 D 级客户，不给予任何信用交易，坚决要求现款现货或先款后货，并在追回货款的情况下逐步淘汰该类客户。

新客户一般按 C 级客户对待，实行现款现货。经过多次业务往来，对客户的信用情况有较多了解后（一般不少于 3 个月），再按正常的信用等级评价方法进行评价。

第二，实行客户动态管理，对客户信用等级定期核查。顾客的信用状况不断发生变化，有些顾客信用等级越来越高，有些却越来越低。如不能动态地评估客户信用等级，依据评估结果来调整销售政策等，都有可能因未能检测到客户信用等级的降低而造成货款难以收回的问题。所以，要经常核实客户信用等级，以便随时了解其变化。通常要进行一个月的验证，验证间隔不超过三个月。对于客户信用等级的核实结果，须及时告知相关部门。

开始赊销前须从信贷经理处取得信贷批准。一般这就需要信贷经理按当前销售需求数额来核对顾客信贷限额。同意的话信贷经理使用销售订单包进行销售审批；如有异议，销售额超过客户信贷限额，须经高级管理人员核准后方可出售。若为新增客户时，一般做法是通过专业信贷机构对其信用等级进行评估。建立相应信贷批准程序，可降低坏账发生率。在计算机系统内，应用程序能够被检查以保证客户信贷限额不被超过。

6. 应收账款的内部会计控制

目前经济活动中应收账款广泛存在且金额巨大，通常占资产较大比例。应收账款能否尽快回收会直接关系到企业资金的流向；应收账款的真正回收也直接关系到其是否会转化为坏账。应收账款记录为信用部门制定信用政策、确定是否提高限额提供了依据。因此，应收账款控制是销售和收款业务控制的关键。针对应收账款控制有：应收账款记录控制、应收账款顾客分析控制、应收账款收款控制等。

（1）应收账款记录的内部会计控制主要有以下几个方面：

第一，根据客户情况设置应收账款台账，及时登记每一客户应收账款的余额增减变动情况和信用额度使用情况。定期编制应收账款余额核对表或对账单，每年至少一次向欠款客户寄发对账单。编制该表人员不能兼任记录和调整应收账款的工作；

第二，设置应收账款总账和明细账进行核算。应收账款总分类账和明细分类账应由不同的人员根据各种原始凭证、记账凭证或汇总记账凭证分别登记；

第三，应收账款必须根据经过销售部门核准的销售发票和发货凭证加以记录；

第四，企业对长期往来客户应当建立完善的客户资料，并对客户资料实行动态管理，及时更新。

（2）应收账款客户的分析控制有以下几个方面：

第一，企业应当建立应收账款账龄分析制度和逾期应收账款催收制度。对催收无效的逾期应收账款应及时采取法律保全程序；

第二，对应收账款实行单个客户管理和总量控制相结合的方法。对应收账款实行单个客户管理，便于对账，可以了解客户的欠款情况、偿还情况及信用程度，及时发现问题并采取措施。对应收账款多、赊销频繁的单位，如果不能对所有客户进行单个管理，也可以侧重于总量控制，通过分析应收账款的周转率、平均收款期、实际占用天数、变现能力来判断企业的流动资金是否维持在正常水平上，以便及时调整信用政策；

第三，企业应当定期按照应收账款账龄来编制应收账款分析表。按照应收账款账龄分类估计潜在的风险，正确计算应收账款的实际价值。

（3）应收账款收款控制有以下几个方面：

第一，各企业应在单位内部明确经济责任，建立奖惩制度。在开展销售业务的各部门推行销、收一体化管理，将销、收全过程业务程序在各部门及相关人员中具体实施。将销售指标分解给业务人员时，还应规定应收账款回收率。对于完成、超额完成目标的科室、人员，要进行奖励；不能完成任务的科室、人员，扣奖金，甚至扣工资；收回的逾期应收账款要按一定比例给予相关部门及人员奖励；

第二，规定赊销管理权限。企业内部要对销售人员、销售主管和销售经理设定赊销审批限额，超过限额赊销须经授权较高管理人员按赊销分级管理制度审批。各单位应针对本单位产品不同市场要求采用不同赊销策略。应以现金销售方式销售供不应求的商品；对于供大于求或者滞销产品，可适当向顾客提供优惠信用条件，制定信用政策；

第三，采取销售折扣的方式。销售折扣由商业折扣与现金折扣两部分组成，目的在于促使顾客更多地购买商家的商品或者更早地支付货款，其中尤以现金折扣为甚，现金折扣是加快应收账款周转、使现金尽早回笼的重要促销方式。折扣比例及信用期限在企业信用管理中占有重要地位，企业依据本期制定的信用政策对信用成本及收益做出取舍，并制定合适的折扣比例及信用时限。现金折扣是企业理财行为之一，当折扣真正出现后，会计将其视为财务费用；

第四，确定合理的信用政策。赊销期的长短、赊销额度的大小，直接影响单位产品的销售。各个企业要结合本企业的实际情况来分析利弊，确定合理的信用政策；

第五，对赊销期较长的应收账款，合同或协议条款必须清楚、严密。赊销期限越长，应收账款发生坏账的风险就越大。因此，企业在与客户签订合同时就必须对其收款方式和收款期限作出明确的规定，并对违约情况及其赔偿作出详细的规定；

第六，选择"硬"货币作为结算货币，避免外汇汇兑损失。在对外贸易中，汇率的变动往往会给企业带来较大的风险。因此，企业在取得债权、形成应收账款时，应该选择"硬"货币作为结算货币，以减少外汇汇兑损失；同时，要做好外汇市场的预测、分析工作，正确选择结算期，运用适当的方法转移外汇风险；

第七，对停止偿还欠款的客户，实行协议清算。当债务方非恶意拒付欠款时，企业可以作出进一步让步，重新签订还款协议，允许债务分期分批归还，以保证债权的诉讼时效。同时，加强各期催收工作。

收款后，客户的付款支票应由两人在场一起打开，并且在一个多联的客户汇款清单上登记。一个客户汇款清单列出了所有通过邮寄收到的现金收入，它可以用来核对银行存款单所记录的现金、应收账款明细分类账中记录的现金和普通分类账户中记录的现金。通常的做法是在销售当日给每一个客户发送汇款通知，然后汇款通知与客户的支票一起寄回。如果汇款通知没有随客户的支票一起收到，通常由打开邮件的人编制一份通知单。

客户汇款清单至少要编制一式三联：第一联和汇款通知一起送到应收账款部门；第二联送到一般会计部门更新相关的普通分类账（银行存款、应收账款和折扣费用）；第三联和支票一起送给出纳用来编制银行存款单，更新每日现金汇总表和现金收入日记账。

支票和出纳员的客户汇款清单联用来编制银行存款单和两联现金汇总表（实际就是现金收入日记账）。存款单和支票应一起送到银行。一联现金汇总表用来更新应收账款分类账，另一联用来更新普通分类账。

每天必须将所有收入全部存入银行，"全部"表示所有收入（现金和支票），在收到时都应存入银行，避免"坐支"现金（将没有存入银行的收入现金用于支出）。

手工会计记账系统中，在现金汇总表（或现金收入日记账）中记录客户付款应该由独立于总账和应收账款明细分类账的人来完成。

应收账款明细分类账应定期和应收账款总账进行核对，当应收账款明细表的总额和应收账款总账余额存在差异时，应该立刻调查。每个期末，应给每个客户发送月报表。

7. 应收账款坏账的控制

坏账是指企业经确认无法收回的应收账款及其他应收款。坏账损失是指由于坏账而造成的损失。企业应当在采用应收账款赊销政策的同时，采取各项催账政策以减少坏账损失。

（1）坏账确认控制

企业对账龄较长的应收账款应向决策机构申报并经决策机构审核后决定是否确认坏账。企业对无法回收的应收款项，应查明理由并追究责任。按照会计制度的规定，有确凿证据表明某项应收账款不能收回或收回的可能性不大（如果一个债务单位已经被撤销、宣告破产、资产不足以偿还债务、现金流严重不足或遭受了严重的自然灾害，导致其在短时间内无法偿还债务，或者存在 3 年以上的应收账款），应该确认为坏账。但在以下情况下，应收账款不应确认坏账：应收账款发生在该年度；打算重组应收账款；对关联方应收账款；还有一些已逾期但没有确凿证据证明无法收回应收账款。

（2）坏账批准的控制

对于确凿证据证明确实不能回收的应收款项，按企业管理权限由股东大会或者董事会，或者经理（厂长）办公会议，或者类似机构核定为坏账损失。各单位应建立严格的坏账审批程序，并按授权原则及办法审批坏账。通常，坏账应由相关业务部门确认，并报请单位最高管理层最后审查通过，不应盲目随意审批，应谨慎处理。

（3）坏账处理的控制

企业在处理各种坏账时，一定要明确责任，按照规定的审批程序进行正确会计处理：对实在无法收回的应收账款，核定后可作为坏账损失冲销已提取坏账准备和核销该应收账款；已核销的坏账应记入备查登记簿，账销案存；已经核销的坏账再次追偿时，应当及时计入账簿，根据实际追偿数额增加坏账准备，禁止形成账外账。

（4）计提坏账准备的控制

坏账控制中更为重要的一环就是对那些尚未还款、长期到期的账款要在其成为坏账之前就加以跟踪。企业应当根据应收账款状况及授信政策制定坏账准备计提标准，并合理地进行应收账款坏账准备计提。

　　按照会计核算的谨慎性原则，年底都会对应收账款进行深入的审查，以预测各种应收账款出现坏账的风险，按一定办法提取准备金，以备抵偿坏账损失。坏账准备越高，未来坏账风险防范能力越强，然而它对本期利润、税收等影响较大。因此各单位一定要根据会计制度的规定正确地提取坏账准备，其中就包括采用合理的坏账准备提取方法等。

第七章
企业内部业务活动的控制
与评价体系

第一节　企业内部业务活动的控制

内部业务活动主要包括资金活动、采购、资产管理、销售、研究与开发、工程项目、担保、业务外包、财务报告编制等，下面对其中几项业务活动的内部控制做简要分析。

一、资金活动内部控制

（一）筹资活动的控制

筹资活动作为企业资金活动的起点，为企业投资和日常生产经营活动筹集所需的资金。筹资活动的内部控制，不仅决定着企业能否筹集到投资、生产经营，以及未来发展所需的资金，还决定着筹资成本和筹资风险，进而影响企业的发展状况。

筹资活动的关键风险点及控制措施包括以下几方面内容。

1. 拟订筹资方案

拟订筹资方案环节的主要风险包括缺乏经营战略规划、对企业资金现状认识不清、筹资方案内容不完整、考虑不够周全、测算不准确等。

企业首先应该制定经营发展战略，这样才能有效地指导企业的各项活动。企业应当根据经营战略，确立筹资目标和规划，结合年度全面预算与资金现状等因素，拟订筹资方案，明确筹资用途、规模、结构、方式和期限等相关内容，对筹资成本和潜在风险作出充分估计。境外筹资还应考虑所在地的政治、经济、法律、市场等因素。一个完整的筹资方案应包括筹资金额、筹资形式、利率、筹资期限、资金用途等内容。

2. 筹资方案论证

筹资方案论证环节的主要风险包括对筹资方案论证不科学、不全面等。

企业应当对筹资方案进行科学论证，开展可行性研究，防范筹资风险。筹资方案论证应从以下几方面进行。

（1）筹资方案的战略评估：主要评估筹资方案是否符合企业发展战略，筹资规模是否适当等。筹资的目的是满足企业经营发展需要，因此筹资方案要符合企业整体发展战略。确定筹资规模时也应考虑战略，既不可盲目筹集过多资金，因为资金都是有成本的，资金闲置会增加企业财务负担；也应避免筹资不足，以免影响投资和生产经营活动的开展。

（2）筹资方案的经济性评估：主要分析筹资方案是否经济，是否以最低的筹资成本获得所需资金。因此，应合理地选择股票、债券等筹资方式以及筹资期限。在风险相同的情况下，应尽可能地降低筹资成本。筹资期限也应考虑实施战略过程中资金的流入量和流出量，避免过长或过短，从而导致资金闲置或多次筹资。

（3）筹资方案的风险评估：对筹资方案面临的风险，如利率、汇率、宏观经济形势、货币政策等因素进行预测分析，如债权方式带来的到期还本付息压力以及股权方式带来的控制权转移或稀释的风险等，并对可能出现的风险采取有效的防范措施。

重大筹资方案应当形成可行性研究报告，全面反映风险评估情况。企业可以根据实际需要，聘请具有相应资质的专业机构进行可行性研究。

3. 筹资方案审批

筹资方案审批环节的主要风险包括缺乏完善的授权审批制度、审批不严等。主要控制措施包括以下几个方面：

（1）企业应当按照分级授权审批的原则对筹资方案进行严格审批，重点关注筹资用途的可行性和相应的偿债能力。重大筹资方案，应当按照规定的权限和程序实行集体决策或者联签制度。筹资方案需经有关部门批准的，应当履行相应的报批程序；

（2）筹资方案发生重大变更的，应当重新进行可行性研究并履行相应的审批程序。

4. 筹资计划的编制与实施

筹资计划的编制与实施环节的主要风险包括筹资计划不完整、筹资成本支付不力、缺乏对筹资活动严密的跟踪管理等。主要控制措施包括以下几个方面：

（1）财务部门应根据批准的筹资方案制订严密的筹资计划。严格按照规定权限和筹资计划筹集资金。企业通过银行借款方式筹资的，应当与有关金融机构进行洽谈，明确借款规模、利率、期限、担保、还款安排、相关的权利义务和违约责任等内容。双方达成一致意见后，签署借款合同，并据此办理相关借款业务。企业通过发行债券方式筹资的，应当合理选择债券种类，对还本付息方案作出系统安排，确保按期、足额偿还到期本金和利息。企业通过发行股票方式筹资的，应当依照《中华人民共和国证券法》等有关法律法规和证券监管部门的规定，优化企业组织架构，进行业务整合，并选择具备相应资质的中介机构协助企业做好相关工作，以确保符合股票发行条件和要求；

（2）企业应当加强债务偿还和股利支付环节的管理，对偿还本息和支付股利等作出适当安排。企业应当按照筹资方案或合同约定的本金、利率、期限、汇率及币种，准确计算应付利息，与债权人核对无误后按期支付。企业应当选择合理的股利分配政策，兼顾投资者近期和长远利益，避免分配过度或不足。股利分配方案应当经过股东（大）会批准，并按规定履行披露义务。

5. 会计系统控制

会计系统控制环节的主要风险包括缺乏有效的筹资会计系统控制、会计记录和处理不准确等，导致未能如实反映筹资状况。主要控制措施包括以下几个方面：

（1）企业应当加强筹资业务的会计系统控制，建立筹资业务的记录、凭证和账簿，按照国家统一会计准则和制度，正确核算和监督资金筹集、本息偿还、股利支付等相关业务；

（2）妥善保管筹资合同或协议、收款凭证、入库凭证等资料，定期与资金提供方进行账务核对，确保筹资活动符合筹资方案的要求。

（二）投资活动的控制

投资活动作为企业一种重要的营利活动，其开展情况对于筹资成本的补偿、企业利润创造和实现企业发展战略等具有重要的意义。

投资活动的关键风险点及控制措施包括以下几方面内容。

1. 拟订投资方案

拟订投资方案环节的主要风险包括投资方案与公司发展战略不符、风险与收益不匹配、投资项目未突出主业等。主要控制措施包括：

（1）企业应当根据发展战略、投资目标和规划，合理安排资金投放结构，科学确定投资项目，拟订投资方案，合理确定投资规模，权衡投资项目的收益和风险；

（2）企业选择投资项目应当突出主业，谨慎从事股票投资或衍生金融产品等高风险投资。境外投资还应考虑政治、经济、法律、市场等因素的影响[①]；

（3）企业采用并购方式进行投资的，应当严格控制并购风险，重点关注

---

① 万伟光，王人颢，徐凯. 公立医院国有资产管理手册［M］. 北京：中国经济出版社，2022.

并购对象的隐性债务、承诺事项、可持续发展能力、员工状况及其与本企业治理层及管理层的关联关系，合理确定支付对价，确保实现并购目标。

2. 投资方案可行性论证

投资方案可行性论证环节的主要风险包括论证不全面、不科学，如未对投资目标、规模、方式、资金来源、风险与收益等作出客观评价。主要控制措施包括以下几个方面：

（1）企业应当加强对投资方案的可行性研究，重点评价投资方案是否符合企业发展战略、投资规模是否合适、投资方式是否恰当、资金来源是否可靠、风险是否处于可承担范围内以及收益是否稳定可观等，保证筹资成本的足额补偿和投资的盈利性；

（2）对于重大投资项目，应当委托具备相应资质的专业机构进行可行性研究并提供独立的可行性研究报告。

3. 投资方案决策审批

投资方案决策审批环节的主要风险包括缺乏严密的授权审批制度、审批不严等。主要控制措施包括以下几个方面：

（1）企业应当按照职责分工、审批权限以及规定的程序对投资项目进行决策审批，重点审查投资方案是否可行，投资项目是否符合国家产业政策及相关法律法规的规定，是否符合企业投资战略目标和规划，是否具有充足的资金支持，投入资金能否按时收回，预期收益能否实现，以及投资和并购风险是否可控等；

（2）重大投资项目，应当按照规定的权限和程序实行集体决策或者联签制度。投资方案需经有关管理部门批准的，应当履行相应的报批程序。

4. 投资计划的编制与实施

投资计划的编制与实施环节的主要风险包括投资计划不科学、缺乏对项目的跟踪管理。主要控制措施包括以下几个方面：

（1）企业应根据审批通过的投资方案编制详细的投资计划，确定不同阶段的资金投入数量、项目进度、完成时间、质量要求等，并报经有关部门批准。投资活动需与被投资方签订投资合同或协议的，应签订合同并在合同中明确出资时间、金额、方式、双方权利义务和违约责任等内容；

（2）企业应当指定专门机构或人员对投资项目进行跟踪管理，做好投资项目的会计记录和处理，及时收集被投资方经审计的财务报告等相关资料，定期组织投资效益分析，关注被投资方的财务状况、经营成果、现金流量以及投资合同的履行情况；发现异常情况，应当及时报告并妥善处理。

5. 投资项目的到期处置

投资项目的到期处置环节的主要风险有处理不符合企业利益、缺乏责任追究制度等。主要控制措施包括以下几个方面：

（1）企业应当加强投资收回和处置环节的控制，对投资收回、转让、核销等决策和审批程序作出明确规定；

（2）重视投资到期本金的回收，转让投资应当由相关机构或人员合理确定转让价格，报授权批准部门批准，必要时可委托具有相应资质的专门机构进行评估；

（3）核销投资应当取得不能收回投资的法律文书和相关证明文件。对于到期无法收回的投资，企业应当建立责任追究制度。

6. 会计系统控制

会计系统控制环节的主要风险是缺乏有效的投资会计系统控制、会计记录和处理不及时不准确等。主要控制措施包括以下几个方面：

（1）企业应当加强对投资项目的会计系统控制，根据对被投资方的影响程度，合理确定投资会计政策，建立投资管理台账，详细记录投资对象、金额、持股比例、期限、收益等事项，妥善保管投资合同或协议、出资证明等资料；

（2）企业财会部门对于被投资方出现财务状况恶化、市价当期大幅下跌等情形的，应当根据国家统一的会计准则和制度规定，合理计提减值准备、确认减值损失。

（三）资金营运活动的关键风险点及控制措施

资金营运是指企业日常生产经营中各类资金的组织和调度，保证资金正常循环周转的活动。资金营运有广义与狭义之分。广义的资金营运是企业利用筹资取得的资金营利的活动；狭义的资金营运是与投资活动相对立的活动，是企业投资形成项目或资产后，有效利用项目或资产营利的活动，包括采购、生产、销售、成本补偿和利润分配的全部过程。本节中，资金营运指的是狭义的资金营运。

资金营运活动中的主要风险包括资金调度不合理、营运不畅（可能导致企业陷入财务困境或资金冗余）、资金活动管控不严（可能导致资金被挪用、侵占、抽逃或遭受欺诈）。

资金营运活动内部控制应注意以下几点。

1. 资金平衡

企业应当加强对资金营运全过程的管理，统筹协调内部各机构在生产经营过程中的资金需求，切实做好资金在采购、生产、销售等各环节的综合平衡，注意资金流在数量和时间上的合理配置，全面提升资金营运效率。

2. 预算管理

企业应该充分发挥全面预算管理在资金营运中的作用，严格按照年度全面预算的要求组织协调资金，确保资金及时收付，实现资金的合理占用和营运良性循环。企业应当严禁资金的体外循环，切实防范资金营运中的风险。

3. 有效调度

通过内部资金的有效调度，可以调剂余缺，提高资金使用效率。企业应当定期组织召开资金调度会或资金安全检查，对资金预算的执行情况进行综合分析。发现异常情况，应及时采取措施妥善处理，避免资金冗余或资金链断裂。企业在营运过程中出现临时性资金短缺，可以通过短期融资等方式获取资金；出现短期闲置资金，在保证安全性和流动性的前提下，可以通过购买国债等多种方式来提高资金效益。

4. 会计系统控制

企业应当加强对营运资金的会计系统控制，严格规范资金的收支条件、程序和审批权限。营运资金应及时入账，不得账外设账。严禁收款不入账、设立"小金库"。办理资金收付业务，应当明确支出款项的用途、金额、预算、限额、支付方式等内容，并附原始单据或相关证明；履行严格的授权审批程序后，方可安排资金支出。办理资金收付业务，应当遵守现金和银行存款管理的有关规定，严禁将办理资金支出业务的相关印章均交由同一人保管。

二、采购业务控制

（一）编制需求预算和采购预算

采购业务从预算开始，包括需求预算和采购预算。需求部门根据生产经营需要向采购部门提出物资需求预算。采购部门根据需求预算和现有库存物资情况，统筹安排采购预算。该环节的主要风险有需求预算和采购预算安排不合理、采购与生产经营计划不协调等。主要控制措施包括以下几个方面：

（1）需求部门应根据实际生产经营需要，准确、及时地编制需求预算，并且不得在提出需求计划时指定或变相指定供应商；

（2）采购部门根据需求预算和现有库存情况，统筹安排采购预算，并按规定的权限和程序经相关负责人审批后，将其作为企业刚性指令严格执行。

（二）采购申请与审批

采购申请与审批环节的主要风险有：缺乏采购申请制度，请购审批不当或越权审批；对市场变化趋势预测不准确，造成库存短缺或积压、企业生产停滞或资源浪费等情形。主要控制措施包括以下几个方面：

（1）企业应当建立采购申请制度，依据购买物资或接受劳务的类型，确定归口管理部门，授予相应的请购权，明确相关部门或人员的职责权限及相应的请购和审批程序；

（2）企业可以根据实际需要设置专门的请购部门，对需求部门提出的采购需求进行审核，并进行归类汇总，统筹安排企业的采购计划；

（3）具有请购权的部门对于预算内采购项目，应当严格按照预算执行进度办理请购手续，并根据市场变化提出合理的采购申请。对于超预算和预算外采购项目，应先履行预算调整程序，由具备相应审批权限的部门或人员审批后，再行办理请购手续。

（三）选择供应商

选择供应商环节的主要风险有：缺乏供应商评估和准入制度、供应商管理系统和淘汰制度，供应商评估不严，供应商选择不当，采购物资质次价高，采购舞弊行为等。主要控制措施如下：

（1）企业应当建立科学的供应商评估和准入制度，确定合格供应商清单，并按规定的权限和程序审核批准后，将其纳入供应商网络；

（2）择优确定供应商，并与选定的供应商签订质量保证协议；

（3）建立供应商管理信息系统和供应商淘汰制度，对供应商提供物资或劳务的质量、价格、交货及时性、供货条件及其资信、经营状况等进行实时管理和综合评价，并根据评价结果对供应商进行合理选择和调整。

（四）确定采购方式和采购价格

确定采购方式和采购价格环节的主要风险有：采购方式选择不当，招投标或定价机制不科学，定价方式不合理，缺乏对重要物资价格的跟踪监控，采购价格过高等。主要控制措施包括以下几个方面：

（1）企业应当根据市场情况和采购计划合理选择采购方式。大宗采购应当采用招标方式，合理确定招投标的范围、标准、实施程序和评价规则；一般物资或劳务等的采购可以采用询价或定向采购的方式并签订合同协议；小额零星物资或劳务等的采购可以采用直接购买等方式；

（2）企业应当建立采购物资定价机制，采取协议采购、招标采购、谈判采购、询比价采购等多种方式合理确定采购价格，最大限度地降低市场变化对企业采购价格的影响，实现以最优性价比采购到需求物资的目标。大宗采购等应当采用招投标方式确定采购价格；其他商品或劳务的采购，应当根据市场行情制定最高采购限价，并适时调整最高采购限价。

（五）订立采购合同

订立采购合同环节的主要风险有：未订立采购合同或未经授权对外订立采购合同，合同内容存在重大疏漏和欺诈等。主要控制措施包括以下几个方面：

（1）企业应当根据采购需要、确定的供应商、采购方式、采购价格等情况拟订采购合同，准确描述合同条款，明确双方权利、义务和违约责任，按照规定权限签订采购合同；

（2）对于影响重大、涉及较高专业技术的合同或法律关系复杂的合同，应当组织法律、技术、财会等专业人员参与谈判，必要时可聘请外部专家参与相关工作。

（六）管理供应过程

管理供应过程环节的主要风险有：缺乏对采购合同履行的跟踪管理，运输工具和方式选择不当，忽视投保等，造成采购物资损失或无法保证供应。主要控制措施包括以下几个方面：

（1）企业应建立严格的采购合同跟踪制度，依据采购合同中确定的主要条款跟踪合同的履行情况，对有可能影响生产或工程进度的异常情况出具书面报告，并及时提出解决方案；

（2）评价供应商供货情况，并根据生产建设进度和采购物资特性选择合理的运输工具和运输方式，办理运输投保，尽可能地降低采购物资损失，保证物资及时供应；

（3）对采购过程实行全程登记制度，确保各项责任可追究。

（七）验收

验收环节的主要风险有：缺乏验收制度，验收程序不规范，验收标准不明确，对验收过程中的异常情况未做处理等，可能造成采购损失或影响生产。主要控制措施包括以下几个方面：

（1）企业应当建立严格的采购验收制度，明确验收程序和验收标准，确定检验方式，由专门的验收机构或验收人员对采购项目的品种、规格、数量、质量等相关内容进行验收，出具验收证明。涉及大宗和新、特物资采购的，还应进行专业测试；

（2）对于验收过程中发现的异常情况，负责验收的机构或人员应当立即向企业有权管理的相关机构报告，相关机构应当查明原因并及时处理；

（3）对于不合格物资，采购部门依据检验结果办理让步接收（如降级使用、挑选使用、返工使用等）、退货、索赔等事宜。

（八）付款

付款环节的主要风险有：付款审核不严，付款不及时，付款方式不当，预付款项损失等，可能造成企业资金损失或信用损失。主要控制措施包括以下几个方面：

（1）企业应当加强采购付款的管理，完善付款流程，明确付款审核人的责任和权力，严格审核采购预算、合同、相关单据凭证、审批程序等，审核无误后按照合同规定及时办理付款；

（2）严格审查采购发票的真实性、合法性和有效性。发现虚假发票的，应查明原因，及时报告处理；

（3）重视采购付款的过程控制和跟踪管理。发现异常情况的，应当拒绝付款，避免出现资金损失和信用受损；

（4）合理选择付款方式，并严格遵循合同规定，防范付款方式不当带来的法律风险，保证资金安全。超过转账起点金额的采购应通过银行办理转账；

（5）加强预付账款和定金的管理。对涉及大额或长期的预付款项，应当定期进行追踪核查，综合分析预付账款的期限、占用款项的合理性、不可收回风险等情况。发现有疑问的预付款项，应当及时采取措施。

（九）退货

退货环节的主要风险有：缺乏退货管理制度，退货不及时等，给企业造成损失。主要控制措施如下：

（1）企业应当建立退货管理制度，对退货条件、退货手续、货物出库、退货货款回收等作出明确规定，并在与供应商的合同中明确退货事宜，及时收回退货货款；

（2）涉及符合索赔条件的退货，应在索赔期内及时办理索赔。

（十）会计系统控制

会计系统控制环节的主要风险有：缺乏有效的采购会计系统控制，会计记录、采购记录与仓储记录不一致，会计处理不准确、不及时等，导致未能如实反映采购业务以及采购物资和资金损失。主要控制措施包括以下几个方面：

（1）企业应当加强对购买、验收、付款业务的会计系统控制，详细记录供应商情况、请购申请、采购合同、采购通知、验收证明、入库凭证、商业票据、款项支付等情况，确保会计记录、采购记录与仓储记录一致；

（2）指定专人通过函证等方式，定期与供应商核对应付账款、应付票据、预付账款等往来款项。

三、销售业务控制

（一）销售计划管理

企业应结合销售预测和生产能力，设定销售总体目标额以及不同产品的销售目标额，并据此制定销售方案，实现销售目标。该环节的主要风险有：销售计划缺乏或不合理、未经授权审批等，导致产品结构和生产安排不合理、库存积压。主要控制措施包括以下几个方面：

（1）企业应根据发展战略，结合销售预测、生产能力以及客户订单情况，制订年度、月度销售计划；

（2）要不断根据实际情况，及时调整销售计划，并按程序审批。

（二）客户信用管理

客户信用管理环节的主要风险有：客户信用档案不健全、缺乏对客户资信的持续评估，可能造成客户选择不当、款项不能及时收回甚至遭受欺诈，影响企业现金流和正常经营。主要控制措施包括以下几个方面：

（1）企业应当建立和不断更新、维护客户信用动态档案，关注重要客户的资信变动情况，采取有效措施，防范信用风险；

（2）对于境外客户和新开发客户，应当建立严格的信用保证制度。

（三）确定定价机制和信用方式

确定定价机制和信用方式环节的主要风险有：定价不合理、销售价格未经适当审批或存在舞弊、信用方式不当等，造成销售受损，损害企业经济利益或企业形象。主要控制措施包括以下几个方面：

（1）企业应当加强市场调查，合理确定定价机制和信用方式，根据市场变化及时调整销售策略，灵活运用销售折扣、销售折让、信用销售、代销和广告宣传等多种策略和营销方式，促进销售目标的实现，不断提高市场占有率；

（2）产品基础价格以及销售折扣、销售折让等政策的制定应按规定程序与权限进行审核批准；

（3）对于某些商品可以授予销售部门一定限度的价格浮动权，销售部门结合产品市场特点，将权力逐级分配并明确权限执行人。

（四）订立销售合同

订立销售合同环节的主要风险有：销售价格、结算方式、收款期限等不符合企业销售政策，导致企业经济利益受损；合同内容存在重大疏漏或欺诈、订立合同未经授权，导致侵害企业的合法权益。主要控制措施包括以下几个方面：

（1）企业在销售合同订立前，应当结合企业的销售政策，与客户进行业务洽谈、磋商或谈判，关注客户的信用状况、销售定价、结算方式等相关内容。重大的销售业务谈判应当吸收财会、法律等专业人员参加，并形成完整的书面记录；

（2）销售合同应当明确双方的权利和义务，审批人员应当对销售合同草案进行严格审核。对于重要的销售合同，应当征询法律顾问或专家的意见；

（3）销售合同草案经审批同意后，企业应授权有关人员与客户签订正式销售合同。

（五）发货

发货环节的主要风险有：未经授权发货、发货不符合合同约定或者发货程序不规范，可能造成货物损失或发货错误，引发销售争议，影响货款收回。主要控制措施包括以下几个方面：

（1）企业销售部门应当按照经批准的销售合同开具相关销售通知。发货和仓储部门应当对销售通知进行审核，严格按照所列项目组织发货，确保货物的安全发运；

（2）企业应当严格按照发票管理规定开具销售发票，严禁开具虚假发票；

（3）应当以运输合同或条款等形式明确运输方式、商品短缺、毁损或变质的责任、到货验收方式、运输费用承担、保险等内容，货物交接环节应做好装卸和检验工作，确保货物的安全发运，由客户验收确认。

（六）客户服务

客户服务环节的主要风险有：服务水平低，影响客户满意度和忠诚度，造成客户流失。主要控制措施包括以下几个方面：

（1）企业应当根据自身状况与行业整体情况，完善客户服务制度（包括服务内容、方式、标准等），加强客户服务和跟踪，提升客户满意度和忠诚度；

（2）做好客户回访工作，建立客户投诉制度，不断改进产品质量和服务水平；

（3）企业应当加强销售退回管理，分析销售退回原因，并及时妥善处理。

（七）收款

收款环节的主要风险有：结算方式选择不当、账款回收不力、票据审查和管理不善，使企业经济利益受损。主要控制措施包括以下几个方面：

（1）企业应结合销售政策和信用政策，选择恰当的结算方式；

（2）企业应当完善应收款项管理制度，落实责任，严格考核，实行奖惩制度。销售部门负责应收款项的催收，妥善保存催收记录（包括往来函电）；财会部门负责办理资金结算并监督款项回收；

（3）企业应当加强商业票据管理，明确商业票据的受理范围，严格审查商业票据的真实性和合法性，防止票据欺诈，并关注商业票据的取得、贴现和背书，对已贴现但仍承担收款风险的票据以及逾期票据，应当进行追索监控和跟踪管理。

（八）会计系统控制

会计系统控制环节的主要风险有：销售业务会计记录和处理不及时、不准确，造成企业账实不符、账账不符、账证不符等，不能反映企业利润和经济资源的真实情况。主要控制措施包括以下几个方面：

（1）企业应当加强对销售、发货、收款业务的会计系统控制，详细记录销售客户、销售合同、销售通知、发运凭证、商业票据、款项收回等情况，确保会计记录、销售记录与仓储记录核对一致；

（2）建立应收账款清收核查制度，指定专人通过函证等方式定期与客户核对应收账款、应收票据、预收账款等往来款项；

（3）加强应收款项坏账的管理。应收款项全部或部分无法收回的，应当查明原因，明确责任，并严格履行审批程序，按照国家统一的会计准则和制度处理。

四、研究与开发业务控制

（一）立项

立项主要包括立项申请、评审和审批。该环节的主要风险有：研发项目与国家或企业的科技发展战略不符，项目评审和审批不严，可能造成项目创新不足、项目必要性不大或资源浪费等。主要控制措施包括以下几个方面：

（1）企业应当结合发展战略、实际需要以及技术现状，制订研发计划，提出研究项目立项申请，开展可行性研究，编制可行性研究报告；

（2）企业可以组织独立于申请及立项审批之外的专业机构和人员进行评估论证，出具评审意见；

（3）研究项目应当按照规定的权限和程序进行审批。重大研究项目应当报经董事会或类似权力机构集体审议决策。审批应当重点关注研究项目促进企业发展的必要性、技术的先进性以及成果转化的可行性。

（二）研究过程管理

1. 自主研发

自主研发是指企业依靠自身的人力、物力和财力，独立完成科研项目。该环节的主要风险有：研发人员配备不合理，导致研发成本过高或者研发失败；缺乏对研发项目的跟踪管理，造成费用失控或项目未能按期、保质完成。

主要控制措施包括以下几个方面：

（1）企业应当加强对研究过程的管理，合理配备专业人员，严格落实岗位责任制，确保研究过程高效、可控；

（2）跟踪检查研究项目的进展情况，评估各阶段研究成果，确保项目按期、保质完成；

（3）建立研发费用报销制度，加强费用控制；

（4）开展阶段性评估，对于需适当调整研发计划的，批准后应及时予以调整。

2. 研发外包

根据外包程度不同，研发外包可以分为委托研发和合作研发。委托研发是指企业委托具有研发能力的企业或机构等开展研发工作，委托人全额承担研发经费、受托人交付研发成果的研发形式。合作研发是指企业联合其他企业或机构共同开展研发工作，合作方共同参与、共享效益、共担风险的研发形式。该环节的主要风险有：外包单位选择不当、未签订外包合同、合同内容存在重大疏漏或欺诈等，给企业带来知识产权风险与法律诉讼风险等。主要控制措施包括以下几个方面：

（1）企业应遵循技术互补性原则、成本最低原则、诚信原则等甄选合作伙伴；

（2）对于委托研发，企业应同受托方签订外包合同，约定研究成果的产权归属、研究进度和质量标准等相关内容；

（3）对于合作研发，企业与合作方签订书面合作研究合同，明确双方投资、分工、权利义务、研究成果的产权归属等。

（三）验收

验收环节的主要风险有：验收制度不完善；验收人员的技术、能力、独立性等缺乏，造成验收结果与事实不符；测试与鉴定投入不足，造成测试与鉴定不充分。主要控制措施包括以下几个方面：

（1）企业应当建立和完善研究成果验收制度，组织专业人员对研究成果进行独立评审和验收；

（2）加大测试和鉴定阶段的投入，切实降低技术失败的风险；

（3）对于通过验收的研究成果，可以委托相关机构进行审查，确认是否申请专利或作为非专利技术、商业秘密等进行管理。企业对于需要申请专利的研究成果，应当及时办理有关专利申请手续。

（四）核心研发人员的管理

核心研发人员的管理环节的主要风险有：缺乏核心研发人员管理制度；研发人员不勤勉或泄露核心技术等职业道德风险；核心研发人员离职，影响研发活动的进行；未签订劳动合同或劳动合同有重大疏漏，如对研发成果归属和离职后的保密义务等规定不清，给企业造成损失。主要控制措施包括以下几个方面：

（1）企业应当建立严格的核心研究人员管理制度，明确界定核心研究人员的范围和名册清单，签署国家有关法律法规要求的保密协议，从制度上约束核心研发人员可能出现的道德风险；

（2）应实施合理、有效的研发绩效管理，如采取股权分享方式对研发人员进行持续激励，减少离职现象；

（3）企业与核心研究人员签订劳动合同时，应当特别约定研究成果归属、离职条件、离职移交程序、离职后的保密义务、离职后的竞业限制年限及违约责任等内容。

（五）研究成果开发

研发成果开发是技术研究的目的。如果开发成功，就可以获取技术优势，促进企业发展和盈利。但是，研究成果开发也存在失败的风险。该环节的主要风险包括技术风险和市场风险。技术风险，例如科学技术发展速度较快，新产品开发速度赶不上科技发展速度，使新产品在开发过程中夭折；在研发成果开发中由于技术能力有限，遇到技术障碍，延误开发时机。市场风险，例如对产品性能验证不够，开发过快，但产品市场潜力不大。主要控制措施包括以下几个方面：

（1）企业应当加强研究成果的开发，形成科研、生产、市场三位一体的自主创新机制，促进研究成果转化；

（2）加强技术管理，攻克关键技术障碍；

（3）研究成果的开发应当分步推进，通过试生产，充分验证产品性能，经过市场认可后方可进行批量生产。

（六）研发成果保护

研发成果保护环节的风险主要有：第一，立项时的风险。例如，立项时未进行专利信息的详细检索，自主开发的成果却不能使用。第二，研发过程中的风险。由于研发人员泄密、离职等，使阶段性成果被竞争对手获得。第三，研发成功后的风险。例如，对新开发的技术或产品未进行有效保护，而竞争对手抢先申请专利保护，导致自主开发成果被限制使用；合作研发中未明确产权归属，导致自树竞争对手。主要控制措施包括以下几个方面：

（1）立项申请、评估和审批阶段都应详细检索专利信息，以防自主研发成果不能使用；

（2）加强研发人员管理，签订保密协议，在劳动合同中明确离职后的保密义务等；

（3）合作研发合同中明确产权归属；

（4）建立研究成果保护制度，加强对专利权、非专利技术、商业秘密及在研发过程中形成的各类涉密图纸、程序、资料的管理，严格按照制度规定借阅和使用，禁止无关人员接触研究成果，依靠法律保护合法权益。

（七）研发活动评估

研发活动评估是指在研发项目通过验收一定时间之后，对立项与研究、开发与保护等过程进行全面评估，衡量研发价值，总结经验，查清薄弱环节，以不断提高研发水平。该环节的主要风险有：缺乏对研发活动的评估，对评估不重视，评估指标过于片面而导致评估失败等。主要控制措施包括以下几个方面：

（1）企业应当建立研发活动评估制度，加强对立项与研究、开发与保护等过程的全面评估，认真总结研发管理经验，分析研发管理的薄弱环节，完善相关制度和办法，不断改进和提升研发活动的管理水平；

（2）增强管理者对评估作用的认可；

（3）在人员和经费方面给予保证；

（4）根据不同类型的项目分别构建评估指标体系。

五、财务报告控制

（一）制定财务报告编制方案

财会部门应在财务报告编制前制定财务报告编制方案，明确财务报告编制方法、编制程序、职责分工以及时间安排等。该环节的主要风险有：会计政策和会计估计使用不当或不符合法律法规；重要会计政策、会计估计变更未经审批；各部门职责分工不清，时间安排不明确，延误编制进度等。主要控制措施包括以下几个方面：

（1）按照国家最新会计准则和制度，结合企业实际情况，选择恰当的会计政策和会计估计方法；

（2）重要会计政策和会计估计的调整要按照规定的权限审批；

（3）明确各部门职责分工。总会计师或分管会计工作的领导负责组织领导，财会部门负责编制，相关部门负责提供所需信息；合理安排编制时间，保证编制进度。

（二）确定重大事项的会计处理

确定重大事项的会计处理环节的主要风险有：对重大事项，如债务重组、收购兼并等的会计处理不合理，未经过审批，影响会计信息质量。主要的控制措施包括对财务报告产生重大影响的交易事项的处理应当按照规定的权限和程序进行审批，审批后下达给各相关单位执行。

（三）查实资产和负债

查实资产和负债环节的主要风险有：资产、负债账实不符，如虚增或虚减资产、负债，未进行减值测试等。主要控制措施包括以下几个方面：

（1）制订资产、负债核实计划，明确人员配备、时间进度、方法等；

（2）核实资产、负债。进行银行对账、现金盘点、固定资产盘点，明确资产权属，与债权债务单位通过函证等进行结算款项核查；

（3）对于清查中发现的问题，应分析原因，提出处理意见。

（四）编制个别财务报告

编制个别财务报告环节的主要风险有：报表数据不完整、不真实，附注内容不完整、不真实等。主要控制措施包括以下几个方面：

（1）各项资产计价方法不得随意变更，如有减值，应当合理计提减值准备，严禁虚增或虚减资产；

（2）各项负债应当反映企业的现时义务，不得提前、推迟或不确认负债，严禁虚增或虚减负债；

（3）所有者权益应当反映企业资产扣除负债后由所有者享有的剩余权益，由实收资本、资本公积、留存收益等构成。企业应当做好所有者权益的保值增值工作，严禁虚假出资、抽逃出资、资本不实等情况；

（4）各项收入的确认应当遵循规定的标准，不得虚列或者隐瞒收入，推迟或提前确认收入；

（5）各项费用、成本的确认应当符合规定，不得随意改变费用、成本的确认标准或计量方法，虚列、多列、不列或者少列费用、成本；

（6）利润由收入减去费用后的净额、直接计入当期利润的利得和损失等构成。不得随意调整利润的计算、分配方法，编造虚假利润；

（7）企业财务报告列示的各种现金流量由经营活动、投资活动和筹资活动的现金流量构成，应当按照规定划清各类交易和事项的现金流量的界限；

（8）附注是财务报告的重要组成部分，对反映企业财务状况、经营成果、现金流量的报表中需要说明的事项作出真实、完整、清晰的说明。企业应当按照国家统一的会计准则和制度编制附注。

（五）编制合并财务报告

编制合并财务报告环节的主要风险有：合并范围不完整、合并方法不正确、内部交易事项不完整、合并抵销处理不正确等。主要控制措施包括以下几个方面：

（1）按照会计准则和制度，明确合并财务报表的合并范围和合并方法；

（2）财会部门制订内部交易事项的核对表，报财会部门负责人审批后，下发给纳入合并范围的各单位进行核对；

（3）合并抵销分录编制应有相应的文件和证据支持，并提交复核人审核，保证其正确性。

（六）财务报告的对外提供

1. 财务报告对外提供前的审核

财务报告对外提供前，财务部门负责人需要审核财务报告的准确性；总会计师或分管会计工作的负责人需要审核财务报告的真实性、完整性、合法合规性；企业负责人需要审核财务报告整体的合法合规性，并分别签名盖章。该环节的主要风险有：对外提供前，对财务报告内容的真实性、完整性以及合规性等审核不充分。企业财务报告编制完成后，应当装订成册，加盖公章，由财会部门负责人、总会计师或分管会计工作的负责人、企业负责人审核后，签名并盖章。

2. 财务报告对外提供前的审计

财务报告须经注册会计师审计的，注册会计师及其所在的事务所应出具审计报告，并随同财务报告一并提供。该环节的主要风险有：未按有关规定接受审计、审计机构与被审计单位串通舞弊等。主要的控制措施包括以下方面：

（1）财务报告须经注册会计师审计的，应聘请符合资质的会计师事务所对财务报告进行审计，并出具审计报告，将其与财务报告一同提供；

（2）企业不应影响审计人员的独立性，应加强与审计人员的沟通，及时落实审计人员的意见。

（七）财务报告的分析利用

财务报告的分析利用环节的主要风险有：不重视财务报告的分析和利用、财务分析不全面、财务分析报告内容不完整、财务分析报告未经审核、财务分析报告中的意见未落实等。主要控制措施包括以下几个方面：

（1）企业应当重视财务报告的分析工作，定期召开财务分析会议，充分利用财务报告反映的综合信息，全面分析企业的经营管理状况和存在的问题，不断提高经营管理水平。企业财务分析会议应吸收有关部门负责人参加。总会计师或分管会计工作的负责人应当在财务分析和利用工作中发挥主导作用；

（2）企业应当分析自身的资产分布、负债水平和所有者权益结构，通过资产负债率、流动比率、资产周转率等指标分析企业的偿债能力和营运能力；分析企业净资产的增减变化，了解和掌握企业规模和净资产的变化过程；企业应当分析各项收入、费用的构成及其增减变动情况，通过净资产收益率、每股收益等指标，分析企业的盈利能力和发展能力，了解和掌握当期利润增减变化的原因和未来发展趋势；企业应当分析经营活动、投资活动、筹资活动现金流量的运转情况，重点关注现金流量能否保证生产经营过程的正常运行，防止现金短缺或闲置；

（3）财务分析报告结果应当及时传递给企业内部有关管理层级，并根据分析报告的意见，明确各部门的职责，予以落实。财务部门负责监督责任部门的落实情况。

第二节　企业内部控制评价的相关知识

一、关于内部控制评价定义的不同理解

内部控制评价作为优化内部控制自我监督机制的一项重要制度安排，是内部控制体系的重要组成部分。企业内部控制评价是指企业董事会或类似权力机构对内部控制的有效性进行全面评价、形成评价结论、出具评价报告的过程。对于这一定义，可从以下三个角度理解。

（一）主体是董事会或类似权力机构

内部控制评价的主体是董事会或类似的权力机构，也就是说董事会或类似的权力机构是内部控制设计和运行的责任主体。董事会可指定审计委员会来承担对内部控制评价的组织、领导、监督职责，并通过授权内部审计部门或独立的内部控制评价机构来执行内部控制评价的具体工作，但董事会仍对内部控制评价承担最终的责任，对内部控制评价报告的真实性负责。对内部控制的设计和运行的有效性进行自我评价并对外披露是管理层解除受托责任的一种方式，董事会可以聘请会计师事务所对其内部控制的有效性进行审计，但其承担的责任不能因此减轻或消除。

（二）对象是内部控制的有效性

内部控制评价的对象是内部控制的有效性，所谓内部控制的有效性，是指企业建立与实施内部控制对实现控制目标提供合理保证的程度。

从控制过程的不同角度来看，内部控制的有效性可分为内部控制设计的

有效性和内部控制运行的有效性。内部控制设计的有效性，是指为实现控制目标所必需的内部控制程序都存在并设计恰当，能够为控制目标的实现提供合理保证；内部控制运行的有效性，是指在内部控制设计有效的前提下，内部控制能够按照设计的内部控制程序被正确地执行，从而为控制目标的实现提供合理保证。内部控制运行的有效性离不开设计的有效性，如果内部控制在设计上存在漏洞，即使这些内部控制制度能够得到一贯的执行，也不能认为其运行是有效的。当然，如果评价证据表明内部控制的设计是有效的，但是没有按照设计的那样得到一贯执行，那么就可以得出其不符合运行有效性的结论。

评价内部控制设计的有效性，可以考虑以下三个方面：① 内部控制的设计是否做到了以内部控制的基本原理为前提，以我国《企业内部控制基本规范》及其配套指引为依据；② 内部控制的设计是否覆盖了所有关键的业务与环节，对董事会、监事会、经理层和员工具有普遍的约束力；③ 内部控制的设计是否与企业自身的经营特点、业务模式以及风险管理要求相匹配。

评价内部控制运行的有效性，也可以从三个方面考察：① 相关控制在评价期内是如何运行的；② 相关控制是否得到了持续一致的运行；③ 实施控制的人员是否具备必要的权限和能力。

从控制目标的角度来看，内部控制的有效性分为合规目标内部控制的有效性、资产目标内部控制的有效性、报告目标内部控制的有效性、经营目标内部控制的有效性、战略目标内部控制的有效性。其中，合规目标内部控制的有效性，是指相关的内部控制能够合理保证企业遵循国家相关法律法规，不进行违法活动或违规交易；资产目标内部控制的有效性，是指相关的内部控制能够合理保证资产的安全与完整，防止资产流失；报告目标内部控制的有效性，是指相关的内部控制能够及时防止（或发现）并纠正财务报告的重大错报；经营目标内部控制的有效性，是指相关的内部控制能够合理保证经营活动的效率和效果及时被董事会和经理层所了解或控制；战略目标内部控制的有效性，是指相关的内部控制能够合理保证董事会和经理层及时了解战略定位的合理性、实现程度，并适时进行战略调整。

需要说明的是，受内部控制固有局限（如评价人员的职业判断、成本效益原则等）的影响，内部控制评价只能为内部控制目标的实现提供合理保证，而不能提供绝对保证。

（三）内部控制评价是个过程

内部控制评价是个过程，是指内部控制评价要遵照一定的流程来进行。内部控制评价工作不是一蹴而就的，它是一个涵盖计划、实施、编报等多个阶段、包含多个步骤的动态过程。

二、内部控制评价的作用

企业内部控制评价是对企业内部控制制度的完整性、合理性和有效性进行分析和评定的工作，作为内部控制体系的重要组成部分，对企业来说，内部控制评价有着重要的意义。

（一）内部控制评价有助于企业自我完善内控体系

内部控制评价是通过评价、反馈、再评价，报告企业在内部控制建立与实施中存在的问题，并持续地进行自我完善的过程。通过内部控制评价查找、分析内部控制缺陷并有针对性地督促落实修改，可以及时堵塞管理漏洞，防范偏离目标的各种风险，并举一反三，从设计和执行等全方位健全优化管控制度，从而促进企业内控体系的不断完善。

（二）内部控制评价有助于提升企业市场形象和公众认可度

企业开展内部控制评价，需要形成评价结论，出具评价报告。通过自我评价报告，将企业的风险管理水平、内部控制状况以及与此相关的发展战略、竞争优势、可持续发展能力等公布于众，树立诚信、透明、负责任的企业形象，有利于增强投资者、债权人以及其他利益相关者的信任度和认可度，为企业创造更为有利的外部环境，促进企业的长远可持续发展[①]。

（三）内部控制评价有助于实现与政府监管的协调互动

政府监管部门有权对企业内部控制的建立与实施的有效性进行监督检查。事实上，有关政府部门在审计机关开展的国有企业负责人离任经济责任审计中，就已将企业内部控制的有效性，以及企业负责人组织领导内控体系的建立与实施情况纳入审计范围，这日益成为十分重要的一部分。尽管政府部门实施企业内控监督检查有其自身的做法和特点，但监督检查的重点是基本一致的，比如大多数涉及重大经营决策的科学性、合规性以及重要业务事项管控的有效性等。

实施企业内控自我评价，能够通过自查及早排查风险、发现问题，并积极整改，有利于在配合政府监管中赢得主动，并借助政府监管成果进一步改进企业内控实施和评价工作，促进自我评价与政府监管的协调互动。

三、内部控制评价的内容

内部控制评价的内容是内部控制对象的具体化。内部控制评价的对象是内部控制的有效性，而内部控制的有效性，是指企业建立与实施内部控制，对实现控制目标提供合理保证的程度。内部控制的目标包括合规目标、资产目标、报告目标、经营目标和战略目标。因此，内部控制评价的内容应是对以上五个目标的内部控制有效性进行全面评价。具体地说，内部控制评价应紧紧围绕内部环境、风险评估、控制活动、信息与沟通、内部监督五要素来进行。

（一）内部环境评价

企业组织开展内部环境评价，应当以组织架构、发展战略、人力资源、企业文化、社会责任等应用指引为依据。其中，组织架构评价可以重点从组

---

① 王宝庆，张庆龙. 内部审计［M］. 3 版. 沈阳：东北财经大学出版社，2021.

织架构的设计和运行等方面进行；发展战略评价可以重点从发展战略的合理制定、有效实施和适当调整三方面进行；人力资源评价应当重点从企业人力资源引进结构的合理性、开发机制、激励约束机制等方面进行；企业文化评价应从建设和评估两方面进行；社会责任评价可以从安全生产、产品质量、环境保护与资源节约、促进就业、员工权益保护等方面来进行。

（二）风险评估评价

企业组织开展风险评估评价，应当以《企业内部控制基本规范》有关风险评估的要求，以及各项应用指引中所列主要风险为依据，结合企业的内部控制制度，对日常经营管理过程中的目标设定、风险识别、风险分析、应对策略等进行认定和评价。

（三）控制活动评价

企业组织开展控制活动评价，应当以《企业内部控制基本规范》和各项应用指引中的控制措施为依据，结合企业的内部控制制度，对相关控制措施的设计和运行情况进行认定和评价。

（四）信息与沟通评价

企业组织开展信息与沟通评价，应当以内部信息传递、财务报告、信息系统等相关指引为依据，结合企业的内部控制制度，对信息收集、处理和传递的及时性，反舞弊机制的健全性，财务报告的真实性，信息系统的安全性，以及利用信息系统实施内部控制的有效性进行认定和评价。

（五）内部监督评价

企业组织开展内部监督评价，应当以《企业内部控制基本规范》有关内部监督的要求，以及各项应用指引中有关日常管控的规定为依据，结合企业的内部控制制度，对内部监督机制的有效性进行认定和评价，重点关注监事会、审计委员会、内部审计机构等是否在内部控制设计和运行中有效发挥监督作用。

四、内部控制评价的方法

内部控制评价的方法包括个别访谈法、调查问卷法、穿行测试法、抽样法、实地查验法、比较分析法、专题讨论法、标杆法、重新执行法等。

（一）个别访谈法

个别访谈法主要用于了解公司内部控制的现状，在企业层面评价及业务层面评价的了解阶段经常使用。访谈前应根据内部控制评价需求形成访谈提纲，访谈后撰写访谈纪要，记录访谈内容。为保证访谈结果的真实性，应尽量访谈不同岗位的人员以获得更可靠的证据。比如，分别访谈人力资源部主管和基层员工，询问公司是否建立了员工培训长效机制，培训是否能满足员工和业务岗位需要。

（二）调查问卷法

调查问卷法主要用于企业层面评价。调查问卷应尽量扩大对象范围，包括企业各个层级员工，应注意事先保密，题目尽量简单易答（如答案只需为"是""否""有""没有"等）。比如"你对企业的核心价值观是否认同？""你对企业未来的发展是否有信心？"等。

（三）穿行测试法

穿行测试法，是指在企业业务流程中，任意选取一份全过程的文件作样本，追踪该样本从最初起源直到最终在财务报表或其他经营管理报告中反映出来的过程，以此了解控制措施设计的有效性，并识别出关键控制点。如针对销售交易，选取一批订单，追踪从订单处理—核准信用状况及赊销条款—填写订单并准备发货—编制货运单据—订单运送/递送追踪至客户或由客户提货—开具销售发票—复核发票的准确性并邮寄/送至客户—生成销售明细账—汇总销售明细账并过账至总账和应收账款明细账等交易的整个流程，考虑之前对相关控制的了解是否正确和完整，并确定相关控制是否得到执行。本方法主要用于对业务流程和具体业务的测试与评价。

（四）抽样法

抽样法分为随机抽样和其他抽样。随机抽样，是指按随机原则从样本库中抽取一定数量的样本；其他抽样，是指人工任意选取或者按某一特定标准从样本库中抽取一定数量的样本。使用抽样法时首先要确定样本库的完整性，即样本库应包含符合控制测试的所有样本。其次要确定所抽取样本的充分性，即样本的数量应当能检验所测试的控制点的有效性。最后要确定所抽取样本的适当性，即获取的证据应当与所测试控制点的设计和运行相关，并能可靠地反映控制的实际运行情况。

（五）实地查验法

实地查验法主要针对业务层面控制，它是通过使用统一的测试工作表，将实际的业务与财务单证进行核对，从而实施控制测试的方法，如实地盘点某种存货。

（六）比较分析法

比较分析法，是指通过数据分析，识别评价关注点的方法。数据分析可以与历史数据、行业（公司）标准数据或行业最优数据等进行比较。比如，针对具体客户的应收账款周转率进行横向或纵向比较，分析存在异常的应收账款客户，进而对这些客户的赊销管理机制进行检查。

（七）专题讨论法

专题讨论法主要是集合相关专业人员就内部控制执行情况或控制问题进

行分析，既是控制评价的手段，也是形成缺陷整改方案的途径。对于同时涉及财务、业务、信息技术等方面的控制缺陷，往往需要由内部控制管理部门组织召开专题讨论会议，综合内部各机构、各方面的意见，研究确定缺陷整改方案。

（八）标杆法

标杆法是指通过与行业内具有相同或相似经营活动的标杆企业进行比较，对内部控制设计有效性进行评价的方法。

（九）重新执行法

重新执行法是指评价人员根据有关资料和业务处理程序，以人工方式或使用计算机辅助审计技术，重新处理一遍业务，并比较结果，进而判断企业内部控制执行的有效性，是一种通过对某一控制活动全过程的重新执行来评估内部控制执行情况的方法。

在实际评价工作中，以上这些方法可以配合使用。此外，还可以使用观察、检查、重新执行等方法，也可以利用信息系统开发检查的方法，或利用实际工作的检查测试经验。对于企业通过系统采用自动控制、预防控制的，应在方法上注意与人工控制、发现性控制的区别。

第三节　企业内部控制评价的组织与实施

内部控制评价是保证内部控制有效性的关键步骤，而内部控制评价工作的组织方式的合理性则直接关系到内部控制工作能否科学、有序开展。组织方式的得当与否取决于两个方面：第一，合理的组织机构；第二，科学、精简、高效的内部控制评价程序。

一、内部控制评价组织

内部控制评价的组织机构大致可以分为三个层次：内部控制评价的责任

主体、内部控制评价的具体实施主体、其他相关部门。

（一）内部控制评价的责任主体

董事会是内部控制评价的责任主体，对内部控制评价承担最终责任，对内部控制评价报告的真实性负责。董事会可以通过审计委员会来承担对内部控制评价的组织、领导、监督职责。董事会或审计委员会应听取内部控制评价报告，审定内部控制重大缺陷、重要缺陷整改意见，对内部控制部门在督促整改中遇到的困难，积极协调，排除障碍。

（二）内部控制评价的具体实施主体

内部控制评价工作的具体实施主体一般为内部审计机构或专门的内部控制评价机构。企业可根据自身的经营规模、机构设置、经营性质、制度状况等特点，决定是否单独设置专门的内部控制评价机构。内部控制评价机构必须具备一定的条件：① 具备独立性，即能够独立地行使对内部控制系统建立与运行过程及结果进行监督的权力；② 具备与监督和评价内部控制系统相适应的专业胜任能力和职业道德素质；③ 与企业其他职能机构就监督与评价内部控制系统方面应当保持协调一致，在工作中相互配合、相互制约，在效率效果上满足企业对内部控制系统进行监督与评价所提出的有关要求；④ 能够得到企业董事会和经理层的支持，有足够的权威性来保证内部控制评价工作的顺利开展。对于单独设有专门内部控制机构的企业，可由内部控制机构来负责内部控制评价的具体组织实施工作，但为保证评价的独立性，负责内部控制设计和评价的部门应该适当分离。

企业内部控制评价部门应当拟订评价工作方案，明确评价范围、工作任务、人员组织、进度安排和费用预算等相关内容，报经董事会或其授权机构审批后实施。对于评价过程中发现的重大问题，应及时与董事会、审计委员会或经理层沟通，并认定内部控制缺陷，拟订整改方案，编写内部控制评价报告，并报经董事会或类似权力机构批准后对外披露或报送相关部门；沟通外部审计师，督促各部门、所属企业对内控缺陷进行整改；根据评价和整改的具体情况拟订内部控制考核方案。

在实践中，也有组织非常设内部控制评价结构，比如组成内部控制评价小组。评价工作小组应当吸收企业内部相关机构熟悉情况的业务骨干参加。评价小组成员对本部门的内部控制评价工作应当实行回避制度。

企业也可以委托会计师事务所等中介机构实施内部控制评价，但中介机构受托为企业实施内部控制评价是非保证服务，内部控制评价报告的责任仍然应由企业董事会承担。另外，为保证审计的独立性，为企业提供内部控制审计的会计师事务所，不得同时为同一家企业提供内部控制评价服务。

（三）其他相关部门

1. 经理层

经理层负责组织实施内部控制评价工作，一方面授权内部控制评价机构组织实施；另一方面积极支持和配合内部控制评价的开展，为其创造良好的环境和条件。经理层应结合日常所掌握的业务情况，为内部控制评价方案提出应重点关注的业务或事项，审定内部控制评价方案和听取内部控制评价报告；对于内部控制评价中发现的问题或报告的缺陷，要按照董事会或审计委员会的整改意见积极采取有效措施进行整改。

2. 各专业部门

各专业部门负责组织本部门的内控自查、测试和评价工作，对发现的设计和运行缺陷提出整改方案及具体整改计划，积极整改，并报送内部控制机构复核，配合内控机构（部门）及外部审计师开展企业层面的内控评价工作。

3. 企业所属单位

各所属单位也要逐级落实内部控制评价责任，建立日常监控机制，开展内控自查、测试和定期检查评价，对于发现的问题并认定为内部控制缺陷的，需拟订整改方案和计划，报本级管理层审定后，督促整改，编制本单位内部控制评价报告，对内部控制的执行和整改情况进行考核。

4. 监事会

监事会作为内部监督机制的重要组成部分，在内部控制评价过程中起到监督作用。监事会审议内部控制评价报告，对董事会建立与实施内部控制进行监督。

二、内部控制评价程序

内部控制评价程序一般包括制定评价工作方案、组成评价工作组、实施现场测试、汇总评价结果、编报评价报告等。这些程序环环相扣、相互衔接、相互作用，构成内部控制评价的基本流程。

（一）制定评价工作方案

内部控制评价机构应以内部控制目标为依据，结合企业内部监督情况和管理要求，分析企业经营管理过程中影响内部控制目标实现的高风险领域和重要业务事项，确定检查评价方法，制定科学合理的评价工作方案，经董事会批准后实施。评价工作方案应当明确评价主体范围、工作任务、人员组织、进度安排和费用预算等相关内容。评价工作方案既可以以全面评价为主，又可以根据需要采用重点评价的方式。一般而言，内部控制建立与实施初期，实施全面综合评价有利于推动内部控制工作的深入有效展开；内部控制系统趋于成熟后，企业可在全面评价的基础上，更多地采用重点评价或专项评价，以提高内部控制评价的效率和效果。

（二）组成评价工作组

评价工作组是在内部控制评价机构领导下，具体承担内部控制检查评价任务。内部控制评价机构根据经批准的评价方案，挑选具备独立性、业务胜任能力和职业道德素养的评价人员实施评价。评价工作组成员应当吸收企业内部相关机构熟悉情况、参与日常监控的负责人或业务骨干参加。企业应根据自身条件，尽量建立长效的内部控制评价培训机制，培养内部控制评价专

业人员，让他们熟悉内部控制专业知识及相关规章制度、业务流程及需要重
点关注的问题、评价工作流程、检查评价方法、工作底稿填写要求、缺陷认
定标准、评价人员的权利和义务等内容。

（三）实施现场检查测试

首先，充分了解企业文化和发展战略、组织机构设置及职责分工、领导
层成员构成及分工等基本情况；在此基础上，评价工作组根据掌握的情况，
进一步确定评价范围、检查重点和抽样数量，并结合评价人员的专业背景进
行合理分工（检查重点和分工情况可以根据需要进行适当调整）；其次，评价
工作组根据评价人员分工，综合运用各种评价方法对内部控制设计与运行的
有效性进行现场检查测试，按要求填写工作底稿、记录相关测试结果，并对
发现的内部控制缺陷进行初步认定。评价人员应遵循客观、公正、公平原则，
如实反映检查测试中发现的问题，并及时与被评价单位进行沟通[①]。由于内部
控制通过纵向检查测试流程，因此工作中各成员之间应该注意互相沟通、协
调，以获得更有价值的发现。

（四）汇总评价结果

评价工作组汇总评价人员的工作底稿，初步认定内部控制缺陷。评价工
作底稿应该进行交叉复核签字，并由评价工作组负责人审核后签字确认。评
价工作组将评价结果及现场评价的结果向被评价单位进行通报，由被评价单
位相关责任人签字确认后，提交企业内部控制评价机构。

（五）编制企业内控评价报告

内部控制评价机构汇总各评价工作组的评价结果，对工作组现场初步认
定的内部控制缺陷进行全面复核、分类汇总，对缺陷的成因、表现形式及风

---

① 吴智勇. 企业内部控制建设与评价［M］. 吉林出版集团股份有限公司，2021.

险程度进行定量或定性的综合分析，按照对控制目标的影响程度判定缺陷等级；内部控制评价机构以汇总的评价结果和认定的内部控制缺陷为基础，综合内部控制工作整体情况，客观、公正、完整地编制内部控制评价报告，并报送企业经理层、董事会和监事会，由董事会最终审定后对外披露。

（六）报告反馈与追踪

对于认定的内部控制缺陷，内部控制评价机构应当结合董事会和审计委员会的要求，提出整改建议，要求责任单位及时整改，并跟踪其整改落实情况；已经造成损失或负面影响的，企业应当追究相关人员的责任。

第四节　企业内部控制评价体系及其构建

内部控制的有效性对于保证企业健康发展至关重要，企业组织形式日趋多元化、组织结构日趋复杂化，内部控制在企业管理中所发挥的作用也越发突出。加强内部控制方面的研究在国际上成为一种潮流，发起委员会 2004年 9 月发布《企业风险管理——整合框架》，将企业风险管理思想纳入内部控制评价体系中，并以此构建出以风险管理为导向的 ERM 框架。

一、我国内部控制评价制度建设

我国于 2008 年出台了《企业内部控制基本规范》，随后于 2010 年发布了与之配套的《企业内部控制配套指引》（包括《企业内部控制应用指引》《企业内部控制评价指引》和《企业内部控制审计指引》），标志着适应我国企业实际情况、融合国际先进经验的中国企业内部控制规范体系基本建成。

《企业内部控制评价指引》从内部控制的内容、程序，内部控制缺陷的认定和内部控制评价报告几方面对企业内部控制进行了规范。

《企业内部控制评价指引》指出，企业内部控制评价应由企业董事会或类似权力机构对内部控制的有效性进行全面评价、形成评价结论、出具评价报告，且对内部控制评价报告的真实性负责。在实施过程中，应秉持全面性原则（包括内部控制的设计、运行，涵盖企业全部机构的所有业务和事项）、重要性原则（在全面基础上关注重要业务单位、业务事项和高风险领域）和客观性原则（准确揭示经营管理风险状况，如实反映设计、运行有效性）。同时，企业应根据自身情况，结合《企业内部控制评价指引》规定，制定具体的内部控制评价办法，明确机构和岗位权责，有序开展内部控制评价工作。

企业应根据《企业内部控制基本规范》《企业内部控制应用指引》和本企业内部控制制度为依据，借鉴 COSO 内部控制框架，围绕内部环境、风险评估、控制活动、信息与沟通、内部监督等要素对内部控制的设计与运行进行全面评价。

在内部环境评价中，应以组织架构、发展战略、人力资源、企业文化、社会责任等应用指引为依据；在风险评估机制评价中，应以《企业内部控制基本规范》中对风险评估的要求及各应用指引中所列主要风险为依据；在控制活动评价中，应以《企业内部控制基本规范》和各项应用指引中的控制措施为依据；在信息与沟通评价中，应以内部信息传递、财务报告、信息系统等相关应用指引为依据，对信息收集、处理和传递的及时性，反舞弊机制的健全性，财务报告的真实性，信息系统的安全性，以及利用信息系统实施内部控制的有效性等进行认定和评价[①]；在内部监督评价中，应以《企业内部控制基本规范》对内部监督的要求以及各项应用指引为依据，重点关注监事会、审计委员会、内部审计机构是否在内部控制设计和运行中有效发挥监督作用。以上要求均需结合企业具体内部控制制度，对各要素设计和运行的有效性进行认定和评价。

在具体开展内部控制评价工作过程中，应形成工作底稿，详细记录企业执行评价工作的内容。工作底稿应包括评价要素、主要风险点、采取的控制措施、有关证据资料以及认定结果等。工作底稿应当设计合理、证据充分、

---

① 李明燕，洪麒. 企业大合规［M］. 北京：中国经济出版社，2021.

简单易行、便于操作。

综合《企业内部控制基本规范》与《企业内部控制配套指引》可以看出，我国对内部控制的建设、评价和披露给出了建设性的意见，为企业进行相关活动提供了方向和参考。然而，这些法规更多地倾向于概念、框架、规范条例等的描述，因此如何构建一个合适的评价体系来发现企业内部控制中所存在的缺陷与不足，就显得尤为重要。

二、超循环理论与企业内部控制评价

（一）超循环理论的观点

20 世纪 70 年代，诺贝尔奖获得者德国物理学家曼弗雷德·艾根（Manfred Eigen）提出了关于生命起源的自组织理论——超循环理论（Hypercycle Theory），将进化方面的研究由有机整体论推向了生成整体论。

生命的进化历程可以细分为生物层面的进化和化学层面的进化两个主要路径。随着化学的演变，无机分子会逐渐进化成简易的有机化学分子；在生物的发展历程中，无核生物逐步变成真核生物，而简单的低级生物也逐步进化成了复杂的高等生物。生物的进化过程是构建在细胞遗传和变异机制之上的，这样的遗传和变异过程是依靠于两大类大分子物质——核酸及蛋白质。生物体内的基因载体及其解码方法是大体相似的。译码的整个流程需要数百种不同的分子进行协作，以共同达到目的。

根据超循环的理论，数百种分子应以"自我组织"的方式紧密而精细地绑定，确保它们顺利完成生物的遗传与变异机制。这种分子的"自组织"特性被称作"超循环"。举例来说，在核酸的自我复制过程里，尽管核酸充当了自我复制的基础模型，但这一过程实际上是由其控制编码该复制基因的蛋白质，以影响另一段核酸的自我复制能力。

与达尔文进化论不同，艾根研究的并非宏观上物种的进化规律，而是将关注点放在了微观分子层面。该理论认为在化学进化与生物进化之间必然有一个分子自组织阶段，完成从非生命物质到生命物质的转化的质的飞跃，并提出了分子微观水平上"拟种"的概念。

在类似生物的演化过程中，"拟种"是由一些相互关联的分子种所组成，这种组合展现出一些概率分布的组织特性。基于超循环的理念，一个被称作"拟种"的自我复制单元（或催化剂）不仅可以催化形成相似的循环系统，这些同层的循环也可以互相结合形成一个更大的循环。这个扩大的循环进一步有潜力形成新的更大规模循环，从而催生更高级别的循环，这里的"超循环"特指至少一级或更高层次的催化循环系统。基于这种思路，理论上可以产生无限层的相互嵌套循环生长机制。

超循环理论描述了分子进化的三大显著特性：首先是自主选择，这种突变体依赖自我复制进行选择，这种机制被称为"正反馈"所加强效果；有益的选择不断增加，而那些不能适应外部条件的突变体会逐渐被淘汰，它们会打破原有的稳定状态；其次是自组织的形式，当突变体数量达到特定的水平时，它们开始内部竞争和自我调整，其功能逐渐耦合，从而产生负反馈关系，选择更好的并排除最差的，突变体会自然地组织，进而构建一个全新的系统结构；最后是自身的稳定性。当新的系统诞生后，进化中的信息会在稳定环境之间被复制、储存、变更、发送和多重反馈产生。这产生了一个连续的反馈环节，通过这些功能间的紧密连接和协同效应，各个子系统的关系变得更为密切，从而催生了新的共生结构。

（二）将超循环理论引入企业内部控制评价的可能性分析

超循环理论的创建者艾根认为，超循环组织不仅存在于生物系统中，在社会系统中也存在。作为一个比较新的学科，虽然它提出的时间较早，然而如何利用超循环理论解决现实中的问题是近些年才受到学者关注的。

以超循环理论角度构建内部控制评价体系基于下列三个原因。

一是内部控制评价系统是一个不均衡的系统。由于内部控制及有关评价的执行均受企业内部各种力量的制约和制衡，因此内部评价系统成立之初无法发挥最佳作用。从本质上看，评价系统内突变形成是多种力量博弈的结果，只有通过不断地"正反馈"，才可能使这一博弈最迅速地取得良性均衡。

二是信息的传递在评价体系中是十分重要的，然而信息在系统中的传递并不是线性的，企业信息具有很强的随机性和模糊性，企业在建立和完善评价系统时需要去除偏离、错误的信息。这就要求企业学会自我甄别与自我调整，利用自身的功能耦合性与协同性将信息有效地整合起来。本章将企业内部控制运行看作一种虚拟信息的流通，相关评价系统的建立要依托于信息流动过程。

三是一个优秀的自我评价系统是可以自我优化与发展的，这与"拟种"的自组织与自稳定十分相似。评价系统通过自身调节机制，可以适应企业内外部环境不断变化。在持续的发展中，评价系统可以进行整体性的协同进化，容纳外部环境的多样性与复杂性，从而向更为有序、更加合理的系统转变。

然而，企业内部控制评价是一个复杂的系统，仅从某些具体要素指标（评价指标和技术等）出发进行企业内部控制评价会导致孤立、片面的结果，评价结果会失去公允性、权威性；而以系统的观点对企业内部控制评价进行分析，则是适宜的选择。超循环理论恰恰是从系统的角度出发，注重局部与整体、静态与动态相结合，因此，以超循环理论为依据来评价企业内部控制具有一定的可行性和科学性。

三、内部控制评价体系构建的步骤

结合超循环理论和内部控制的基本知识，我们将内部控制评价体系的构建分为外循环层面、内循环层面和自循环层面三个步骤。外循环层面为企业内部控制与其所在的外部环境的交互作用，内循环层面为企业内部控制自身的设计有效性和执行有效性，自循环层面则是各小循环之间——在企业实务中更多地表现为管理层与员工之间的交互作用。

下面就三个层面展开具体论述，并得出启示。

（一）外循环层面

所谓外循环，就是指企业内外相互作用的过程。作为一种非封闭式体系，评价体系要健康地生存下去，就不可避免地会与外部环境发生物质交流和信息传递。利益相关者理论认为企业是一个整体，而非为了某一特定主体，它的生存与经营管理应该是多方广泛介入的结果，其发展不能脱离任何方面的扶持与约束。所以，企业内部控制作为一种经营管理手段、一种企业目标的实现途径，理所当然地要接受政府职能部门、注册会计师及其他外部人员对其进行监控和审计。但建立内部控制评价体系并非为了迎合外部的监督，好的内部控制评价体系应指向自身经营效率的提升和企业各层面经营目标的达成。企业自身资源有限，评价系统主要研究如何对内部控制体系进行调整，以使企业能够从外部环境获得更大收益。

外部环境给企业带来情景约束，而社会经济趋势、政府政策要求以及消费群体偏好改变则是内部控制评价时需要重点关注的问题。企业对外部环境更多需要做到的就是在理解的前提下顺应和运用。但内部控制主要将其价值取向回馈到外部环境中，这一价值取向在理性层面上表现为行动。企业建立评价体系的目的何在、如何作为以及作为的效果将极大地影响外部监管方对于企业的看法。当外部监管方产生认同感时，采取某些内控措施能够节约更多的费用。体系能从其起源时所需要的前提中解放出来，并且能根据自身的需求而改变其生存条件。

企业对于外部的影响总是存在的，例如，企业实务中出现的新的经济形态、经营模式、缺陷乃至丑闻，会提高相关领域乃至整个经济体的热度、推动相关法律法规的完善等。关键在于，企业对其所在的外部环境影响的程度有多大，要看企业自身对于利用评价系统调整内部控制进而弥补自身缺陷的重视程度。

外部环境与内部控制共同影响了评价系统的构建，企业自身状况的不同决定了两者的权重在每个企业中也不相同，但在细节上吹毛求疵只会误解评价系统的初衷。我们要做的是保持两者在一定范围内协调一致，促进整个评价系统迅速达到良好状态。

（二）内循环层面

在对评价体系进行初步的构建后，要对体系进行一系列的测试与检验，以保证体系更好地运行。这一过程主要集中在企业内部，我们将其定义为内循环层面。结合超循环理论，下面将分三个部分介绍企业内部控制评价体系的内循环层面。

1. 检测评价体系设计是否合理

检测评价体系的设计是否合理主要从两个方面进行：第一，评价体系设计的框架是否完善；第二，自我评价所包含的要素是否完备。一个合理的评价体系框架必然具备完善的流程以及合理的模型，在进行内部控制评价时，必然要以流程为导向、以模型为依托。流程进行的顺畅程度十分重要，在此前提下，该流程是否有必要的反馈系统、能否形成循环结构都是我们需要考虑的。

对一个模型来说，实际的匹配度和操作性都至关重要。由于企业在规模、经营模式、组织结构和风险偏好等多个方面都有所不同，并且实施的内部控制机制也各不相同，因此，最优的评价体系不应是"一刀切"的评价体系，而应是最符合企业自身特性和发展战略的评价体系。

内控评价体系中的模型并不一定是定量的，也可以是定性的。某个特定系数并不一定要十分清晰，只要能够准确地比较分析出企业内控方面存在的缺陷与不足，便是一个成功的模型。但是模型的设置一定要能够与现实很好地结合起来，一个脱离现实基础而空谈理论意义的模型，显然是本末倒置的。

由于各公司的实际状况各不相同，因此在执行外部监管和审计任务时，很难保证每一个环节都能得到充分落实。因此，外部监管主要以目标导向为核心，强调结果的重要性，简化流程，并确保评估过程具有经济效益。针对某一公司内部控制进行评价时，其评价对象具有确定性，目标管理不能满足企业对细节的掌握，所以要运用要素评价法进行评价。评价要素包括评价的主体、客体、目标、范围、标准、程序和方法。各评价要素并不是单一独立存在的，而是相互影响。例如，评价主体对评价目标有一定的影响，而不同的评价主体在评价目标的定义上重点有所不同。外部评价主体集中于报告目标、合规目标，以及是否按规定披露信息和是否按照规范约束自身行为。虽然其也注重企业经营目标，但因信息不均衡等原因，难免不能将重心转移到这方面。

相对而言，企业内部的评价主体，例如企业的内部审计部门、管理团队和其他员工，主要关注的是企业的经营目标。一个企业的运营状况与其自身的利益紧密相连，同时，他们也掌握了关于企业当前发展状况和未来展望的更为准确的信息，这使得他们能够更容易地做出决策。为了确保企业的经营目标能够顺利达成，企业内部的各个主体也应当密切关注企业的战略方向。企业行为是否与其自身的战略目标相吻合，将直接影响到企业经营绩效的优劣。张先治对《企业内部控制基本规范》中的内部控制目标进行了分类，将其分为战略目标、运营目标、报告目标和遵守法律法规的目标四个方面，可以明显看出这四个维度是根据内控评价主体来划分的。评价的范围大小是由评价主体的选择决定的，而评价范围的不同也会对评价的程序和方法产生影响。上面提到的各个要素是相互关联的，当其中一个要素发生变动时，其他的要素也会相应地发生改变。每一个元素都构成了一个微型系统，而这个微型系统又与其他系统进行信息交流，不断地进行适应和变化，从而构建了一个稳固的元素结构。这意味着在优化内部控制评估体系的过程中，我们必须坚持灵活应变的策略。在对某一要素进行优化的过程中，我们需要考虑其他要素的变动，并从系统的全局视角来审视这个问题。

2. 检测评价能否执行

在设计被评价为合理后，下一步将对评价系统执行的状况进行分析，这项分析分两个步骤进行。

（1）比照规范内部控制制度与所指定公司实际制度情况的差异。如我国

2008 年的《企业内部控制基本规范》将企业有效内部控制的要素分为五种：内部环境、风险评估、控制活动、信息与沟通和内部监督。我们要分析内部控制设计是否包含了所有的要素，弱化某种要素的原因是什么，以及弱化某种要素带来的结果等问题。企业需要树立一个标杆，这个标杆既可以是前边提到的基本规范，也可以是其他已经成型的控制系统。不断地对选取的标杆进行比照、学习，同时结合自身情况，查找两者之间的差异，内部控制系统才能不断地完善。这是一个企业自查的过程，企业在这个过程中积累的经验可以被很好地传承。但在选择标杆的时候要注意类似标杆只能有一个，因为我国内控方面的规范体系尚未成熟，规范之间还有相互矛盾的地方，选择多个标准必然会使企业无所适从。

（2）研究该评价体系是否对可能出现的状况进行了风险管理。COSO 于 2004 年提出 ERM 框架，该框架进一步扩展了内部控制的内涵，引入了风险的概念。该评价体系是否能够对可能出现的事件进行预测，又能否对那些可能给企业带来损失的事件做出合理的预防？尽管企业需要对未知的事件进行管理和控制，但错误的出现并不是不可接受的，某些错误在某种程度上是不可避免的。首先，错误的出现可能揭示了整个系统存在的缺陷；其次，某一事件现在可能对公司产生不利影响，但随着时间的流逝，这种错误可能会逐渐转化为对公司有利的情况。从这个角度看，将这些非传统事件视为超循环中的突发事件似乎更为恰当。对于这些突变，企业需要为其设定一个特定的值，也就是一个度。只有当超出这个界限时，公司才会进行干预；在此范围内，突变的出现是可以被容忍的。企业需要采取的措施是筛选出对整个系统有利的突变因素，并指导它们构建一个能够相互交互和共存的系统环境。

3. 体系执行是否有效

下一步的任务是评估这一体系是否能为企业的长远发展带来积极影响。短期内，企业的业绩增长无疑会激发企业各参与方的热情，但值得注意的是，企业的多数行为并非仅限于一次，而是呈现出一种循环往复的态势，这实际上是一个重复性的博弈过程。某些公司的利润之所以快速增长，是因为市场需求的短暂上升，而不是由于它们具有核心竞争优势。目前，这家企业的内部控制系统受到了广泛的好评，但这种评价可能是彻头彻尾的错误，这意味着在评估内部控制系统时，必须排除外部因素的干扰。同理，即使企业的短期收益突然下降，这并不意味着其内部控制系统是无效的。例如，这可能是受到了宏观经济政策的影响。在这种情况下，关键是要评估内部控制是否有效地减少了企业的损失，以及减少的幅度有多大。因此，企业的内部控制评估体系应该是对企业在长期内，而不是在单一时间点，进行全面的内部控制评价。

同时，在评价内控体系时，不仅要从横向上整体布局，也要注意时间上的连续性。需要对企业内控执行方面的信息进行汇总，在内控体系执行一个周期后，再次回到"设计是否合理"这一步骤。针对此时发现的一些新问题，体系会做出一些设计上的修改，以保证内部控制在下个周期执行的顺畅性。

应当注意的是，内部控制的有效性应当是管理层能够提供合理保证的有效性。由于企业自身的固有特质和未来环境发展的不确定性，内部控制并不能一贯地保证企业目标的实现。

（三）自反馈层面

超循环理论指出，在组织内部，循环是无处不在的，而较小的循环则是通过逐层转换和多层回环来形成新的大循环。前述的小层次信息交流和反馈将当前层次的自选择、自组织和自稳定整合为一个小的循环。同时，在外部循环和内部循环之间也存在一个反馈机制，该机制将两个大循环有机地结合在一起，形成一个更大层次的循环，而这个大循环正是自循环。

在自我反馈的层面上，管理层和员工是最关键的参与方，他们对公司的内部控制机制有着深入的了解，而他们的独特性质和行为模式是我们绝对不能忽视的。在进行内控评估时，首先，消除参与者的反感情绪；其次，员工在不同的工作性质和工作环境中对某一控制的看法也会有所不同，这主要是因为内部控制的实施常常会改变原有的利益分配模式；最后，要避免评价者与被评价者之间的勾结，以确保评价工作的顺利进行。反馈不只是来自管理团队和员工的积极反馈，还涵盖了内部控制系统对员工的评价和激励措施。

基于上述三个维度来建立内部控制的评估体系是一个自上而下的流程，其层次逐渐缩小，而评估的主体也变得更为集中。此外，这三个层次的运作是一个从模糊到明确的转变过程。外部循环层次仅能在某些固定的框架内构建评价体系，而内部循环层次则主要体现在企业的执行层面，而自我反馈层次则使评价体系在管理层和员工中更为明确。自反馈层不仅是整体结构中的承接层，同时也充当着其他两者之间的转换层。评价系统的进行和优化是一个由三个层次交替进行的过程。尽管这三个层次的目标各不相同，但它们并不冲突。确保内部控制的有效执行是评价系统服务的核心任务。这正是"超循环"合作理念在公司内部控制体系中的具体应用。

（四）基于超循环理论的内部控制评价体系对企业的启发

1. 保持内外循环的畅通性和平衡性

不管是在系统的内部循环还是外部循环中，确保循环能够有效运行的关键在于维持系统内信息传输的时效性。在系统内部，我们可以建立特定的部门或个体来负责信息的接收、处理和分析，而这些部门的规模或者说其成员数量，都是基于系统内信息传递的效率来决定的。在维持内循环与外循环之间的均衡的同时，两个循环单元之间以及内循环与外循环之间都应是相互受益的。当一个循环受到的关注度大大超过另一个循环时，交互的整体过程会出现不平衡，从而导致资源从较弱的循环中自然流出。一个企业的成功与否很大程度上依赖于其能否克服自身的弱点，只有当两个系统达到和谐统一和共同优化的状态时，企业才有可能实现长期和健康的发展。

2. 控制突变，保持系统的有序性

在一个稳定且成熟的系统中，尝试改变某些结构或细节都会遭遇巨大的挑战，这些挑战首先源于系统发展的固有惯性，为了打破这种惯性，我们需

要施加外力；其次，这是全体员工努力维持的一种舒适状态。正因为内部控制评价系统具有动态性，所以在系统运行过程中会不断出现突变。依据超循环理论，系统调控在发生突变时具有正反馈放大效应。在尝试对评估系统进行某些改进和创新的过程中，系统的突然变化成为了一个极好的机遇。在评估体系中，子系统之间的互动呈现出非线性特点，我们可以通过放大策略人为地创建反馈回路，同时努力减少不确定性对系统整体的干扰。在没有受到控制的前提下，任何事物都会经历熵的增加，也就是从有序状态转变为无序状态。当熵上升到某一水平时，评估系统可能会变得混乱，因此在处理突发事件时，也需要进行适当的控制。每一个系统都拥有其独特的新陈代谢机制，当一个新的高效机制出现时，之前的机制将会被替换。当系统出现突变时，需要指导它排除某些不稳定的元素，为新的突变创造检测机会，确保系统整体上的有序运行。

3. 整体优化、动态管理

尽管超循环理论主要关注生物在"拟种"阶段的进化，但它是从一个宏观的视角来解读的。在我国，很多企业的内部控制并未得到广泛的推广，这并不是因为内部控制体系存在明显的问题，而是因为内部控制可能会为企业带来巨额的运营成本。只有当企业从内部控制中获得的利润高于实施内控所需的成本时，企业才会考虑实施内部控制。如果内部控制未得到实施，那么对内部控制的评估也将变得毫无意义。因此，我们不应仅仅关注某一部门的利益，而应从整个企业甚至是其长远发展的视角来审视这类议题。如果一个部门的盈利减少，但却为整个企业带来了总体的益处，那么这套系统就被认为是高效的，并应在某种程度上为受损的部门提供补偿。除了在水平方向上关注评价系统的完整性，我们还需在垂直方向上确保评价系统的动态均衡。评估的实施并不是孤立的，而是在不同的小系统间存在时间上的并行关系，这种个体时间的并行和连续性共同构建了整个系统的动态特性。

第八章
互联网时代企业财务的内部控制

第一节　互联网时代企业财务内部控制的特点

一、互联网企业内部控制的特征

（一）内部环境高度信息化

互联网信息传递速度快，信息沟通更及时、更全面。在信息化环境下，对于传统的财务人员来说，企业信息处理更为复杂，单纯依靠传统的财务观念将难以应对新内控环境下的信息处理，对财务人员的要求，尤其是信息化观念和技术要求越来越高。因此，客观上要求财务人员必须及时自我更新知识，甚至更新整个财务队伍。

（二）风险评估范围扩大

在信息化环境下，数据高度集中，对信息设备、软件依存度更高，企业的数据高度集中在电子数据处理部门或某一主机。如果没有适当的控制，数据容易被浏览，甚至被篡改。尤其是当企业信息维护技术比较薄弱时，遭受黑客侵入、网络病毒攻击等的风险更大，而这类风险对互联网企业来说往往是巨大的甚至是致命的。因此，互联网企业在建设内部控制系统时必须充分考虑信息化环境下风险评估范围的扩大。

（三）控制活动侧重于对系统的控制

毫无疑问，在信息化环境下，控制手段呈现多样性、灵活性、高效性，很大程度上加强了内部控制的预防、检查与纠正功能。控制的重点也由对人的控制为主转变为对机器（系统）的控制。但从近年来出现的大型互联网企业客户信息丢失的案例看，过于依赖系统的控制已不能满足互联网企业内控的实际需要，事件突出反映出一个问题，那就是由于过分依赖信息化系统，企业高管主观上反而轻视了风险管控，尤其是在内控过程中，对人的因素风控意识淡薄了。

（四）监督以控制参数和控制程序为主

内部控制的有效与否，需要由相应的机制加以有效监控、评估和及时反馈。在信息化环境下，由于数据集中于系统主机，一旦某一环节发生错误，就会在短时间内迅速蔓延，使相关文件、账簿乃至整个系统的信息失真。因此，监控的一项重要内容就是要及时了解信息系统的硬件、软件及数据处理环节，并针对企业经营环境变化情况，及时评估业务流程控制点的运行状态，重新调整或更改信息系统，增设必要的控制参数和阻隔程序等措施。

二、互联网时代财务内部控制的变化

互联网时代财务内部控制和传统会计内部控制相比发生了很大变化，主要表现在如下几个方面。

（一）内部控制环境

对于互联网财务信息系统而言，由于其完全依靠计算机、网络等进行工作，所以传统的控制环境在网络财务信息系统中已不复存在。它的内部控制环境更多的是以网络、数据库、信息和数据的传递等虚拟环境为主。

（二）内部控制的范围和内容

对于互联网财务信息系统而言，内部控制的范围在扩大，其内容也发生了很大的变化。控制范围主要增加了网络控制和系统控制，其中网络控制包括网络的安全、病毒防护等，系统控制包括系统的设计、开发、软硬件的运行维护等。新的控制范围带来了新的控制内容，主要包括：网络安全控制、数据库安全控制、病毒防护；系统的设计、开发，软硬件的运行维护，使用权限和口令的控制，计算机数据处理的程序和控制等。

（三）内部控制的重点

由于互联网财务信息系统自身的特点，决定了内部控制的重点和传统会计内部控制有很大的不同。传统会计主要是对人的控制，其重点是凭证和账簿、报表的核对、签字盖章等[①]。网络财务信息系统建立起来后，很多原来需人工完成的工作转为由计算机程序自动完成，因此内部控制的重点由对人的控制转变为对人、机进行控制，其内容包括网络、系统的安全，数据的备份，会计原始数据的输入，会计信息的输出，人机交互处理控制，会计信息访问权限控制及不同系统间的连接控制等。也就是说，在网络财务信息系统中，除了会计核算和业务管理的控制外，信息系统本身的控制将是重中之重。

（四）内部控制的手段

由于控制环境的变化，内部控制范围的扩大，互联网财务信息系统拥有了全新的内部控制内容，内部控制的重点也转向网络和系统方面，所以内部控制手段也有了很大的变化。传统的会计主要采用的是严格的凭证控制制度，相关人员签字盖章，修改、交易处理等的文字痕迹审核等内部控制

---

① 常青，王坤，檀江云. 智能化财务管理与内部控制［M］. 长春：吉林人民出版社，2021.

手段。而在网络财务信息系统中，对于网络、系统等方面的控制往往是看不见、摸不着的，这主要靠一些计算机设备和信息技术来实现。同时，在业务处理方面的控制，主要依靠交易授权、人员权限控制、相关业务的程序化控制来实现。

通过以上分析，可以看出互联网财务信息系统的内部控制和传统会计信息系统的内部控制相比，发生了很大的变化，两者的主要差异如表 8-1 所示。

表 8-1　互联网财务信息系统内部控制与传统会计信息系统内部控制的差异

	传统会计信息系统	互联网财务信息系统
控制环境	手工环境	计算机、网络、数据库
控制范围和内容	凭证、账簿、报表	网络、系统安全、系统开发和软硬件的运行和维护
控制重点	人员、制度的控制	人员、计算机、程序的控制
控制手段	职责分工和牵制、签章、痕迹	IT 设备、信息技术

第二节　互联网时代增强企业财务内部控制的措施

一、网络控制

对于网络控制而言，网络安全是其最主要的控制内容。网络控制方法主要有以下两种。

（一）配置硬件设备

主要是指加强控制中心（网络机房）的安全建设，配置硬件防火墙、入侵检测设备、防病毒网关等网络安全防护设备和网络版防病毒软件。

（二）加强制度建设

对于网络控制，除了部署安全防护设备外，还应加强制度建设，如机房管理制度、网络管理制度、设备管理制度等。

二、系统控制

系统控制主要包括对操作系统和各类应用系统的控制。对系统进行控制时，除了利用信息技术和设备外，还应加强安全管理制度的建设。

（一）操作系统控制

操作系统是整个网络财务运行的平台，其安全性至关重要。因此，系统控制首先应做好操作系统的内部控制。由于操作系统面向所有的用户，再加上自身的缺陷，所以它时刻面临着来自各方面的潜在威胁，包括系统内部人员的滥用职权、越权操作和系统外人员的非法访问甚至破坏，还包括各类针对操作系统的网络攻击，以及各种各样通过操作系统破坏整个网络财务信息系统的计算机病毒等。要提高操作系统的安全可靠性，除了要尽可能地选用安全等级较高的操作系统产品，并经常进行版本升级外，还应在日常管理控制上采取以下措施：

（1）指定专人对系统进行管理，删除或者禁用不使用的系统默认账户；

（2）制定系统安全管理制度，对系统安全配置、系统账户及审计日志等方面做出规定；

（3）对能够使用系统工具的人员数量进行限制和控制；

（4）定期安装系统的最新补丁程序，对可能危害计算机的漏洞进行及时修补，并在安装系统补丁前对现有的重要文件进行备份；

（5）根据业务需求和系统安全分析确定系统的访问控制策略。系统访问控制策略用于控制分配信息系统、文件及服务的访问权限；

（6）对系统账户进行分类管理，权限设定应当遵循最小授权要求；

（7）对系统的安全策略、授权访问、最小服务、升级与打补丁、维护记录、日志及配置文件的生成、备份、变更审批、符合性检查等方面做出具体要求；

（8）规定系统审计日志的保存时间，以便为可能的安全事件调查提供支持；

（9）进行系统漏洞扫描，对发现的系统安全漏洞进行及时修补；

（10）明确各类用户的责任、义务和风险，对系统账户的登记造册、用户名分配、初始口令分配、用户权限及其审批程序、系统资源分配、注销等做出规定[①]；

（11）对于账户安全管理的执行情况进行检查和监督，定期审计和分析用户账户的使用情况，对发现的问题和异常情况进行相应处理。

（二）应用系统控制

应用系统控制包括系统开发控制和系统运行维护控制。

1. 系统开发控制

（1）开发方案控制

由信息管理部门具体负责系统方案的制定。他们首先要到相关部门进行充分的调研，做出详细的需求分析。在方案设计出来后，由相关领导、信息管理部门、系统使用人员等对功能实现情况进行讨论，进行项目可行性和实用性的研究和分析后再确定开发方案。

（2）开发过程控制

如果是自主开发，首先要明确各阶段的任务、人员分工、文档编制等内容；其次要求开发工具、开发文档编制标准化和规范化，这样有利于系统开发的分工合作和今后的运行维护；每一个阶段的工作结束后，要形成阶段开发报告，经论证审定后才能进入下一阶段，并作为下一阶段的依据。

如果是委托软件商开发，应与软件商签订开发协议，明确知识产权的归属和安全方面的要求，提出详细的需求报告。

（3）系统测试和验收控制

在网络环境下，应利用网络在线测试功能，检验整个系统的完整性、可靠性，并对非法数据的容错能力、系统抗干扰能力和发生突发事件的应变能

---

① 陈素兰. 基于互联网＋的财务管理创新研究［M］. 长春：吉林人民出版社，2022.

力及系统遭遇破坏后的恢复能力进行重点测试，以及核实既定控制功能能否在系统中得以有效实现。一旦发现网络系统中的各类软件存在漏洞，应立即进行在线修补与升级，并将所有与软件修改有关的记录报告及时存储归档。

在系统正式使用前，应组织专家、软件商、使用单位一起进行系统验收，形成验收报告。验收内容主要包括：系统是否安全，是否达到设计方案和合同规定的功能要求，系统技术文档是否交付完整，软件包是否经过检测且不含有恶意代码。

2. 系统运行维护控制

（1）系统的运行维护由系统管理员负责，除系统管理员外，不得再有其他登录系统的账户和密码。

（2）系统工具职能由系统管理员进行控制，并由他负责系统安全配置、系统账户及审计日志等的管理。

（3）应定期安装系统的最新补丁程序，对可能危害计算机的漏洞进行及时修补，并在安装系统补丁前对现有的重要文件进行备份。

（4）其他控制内容和操作系统控制类似。

3. 设计 USB-Key 的数字认证体系，实施系统内部控制

该体系主要用于系统和数据库的身份认证、权限管理。通过 USB-Key 的组合，能实现多种控制模式，这对建设统一的数字认证门户，控制数据库的访问，保证数据安全，监督系统管理员的工作有着重要的作用。

（1）USB-Key 的含义

简单来说，USB-Key 就是具有 USB 接口的硬件数字证书，它是与 PKI 技术相结合开发出的符合 PKI 标准的安全中间件。利用 USB-Key 来保存数字证书和用户私钥，并对应用程序开发商提供符合 PKCS#11 和 MSCAPI 标准的编程接口，有利于开发基于 PKI 的应用程序。作为密钥存储器，USB-Key 自身的硬件结构决定了用户只能通过厂商编程接口访问数据，这就保证了保存在 USB-Key 中的数字证书无法被复制，并且每一个 USB-Key 都带有 PIN 码保护，这样 USB-Key 的硬件和 PIN 码便构成了可以使用证书的两个必要因

子。如果用户 PIN 码被泄露，只要保存好 USB-Key 的硬件就可以保护自己的证书不被盗用；如果用户的 USB-Key 丢失，获得者由于不知道该硬件的 PIN 码，也无法盗用用户存在 USB-Key 中的证书。与 PKI 技术的结合使得 USB-Key 的应用领域从仅确认用户身份，扩展到了可以使用数字证书的所有领域。

（2）基于 USB-Key 的数字认证系统的实现手段

① 制作 USB 接口的硬件数字证书。

② 将"原用户号＋密码"的认证方式改为"数字证书＋用户号＋密码"。

③ 建立一个信息系统数字认证软件对所有应用系统和数据库进行集成认证。

④ 该硬件证书应包括使用人基本资料（如姓名、性别、科室、所在工作组等）、财务软件的进入权限、某一财务软件的具体操作权限。

⑤ 可以修改该硬件证书使用人资料，但权限仅由所在工作组确定。

（3）网络财务信息系统的数字认证设计

① 网络财务信息系统的内部控制依托硬件数字证书实现。

② 一般操作使用单证书认证，重要的操作使用双证书或三证书同时认证。

③ 将工作组分为财务负责人、系统管理员、单一软件主管、复核、审核（业务操作员）、查询。

④ 系统管理员、单一软件主管工作组的成员由财务负责人进行认定和调整，复核、审核（业务操作员）、查询等工作组的成员由单一软件主管进行认定和调整，财务负责人不具有具体业务操作权限。

⑤ 系统管理员负责整个信息系统的维护，但不具有具体业务操作权限。

⑥ 数据库操作、数据初始化等由系统管理员具体执行，但需要财务负责人、单一软件主管和系统管理员的数字证书共同认证后才可进行，并在系统日志中予以记载。

⑦ 重要的业务操作（由涉及的金额、性质区分）需由业务操作人员和软件主管双证书共同认证后才能执行，或者由业务操作人员预执行，再由软件主管或者财务负责人复核认可后转为正式数据。

三、信息控制

对于互联网财务而言，保证数据安全和正确的信息控制是最为重要的。信息控制主要包括以下三个方面的内容。

（一）数据库的内部控制

在网络财务中，数据库的安全是重中之重。因此，对于数据库的控制应该十分严格。

（1）对数据库的操作只允许通过客户端软件进行。没有特殊原因，任何人不得进入后台数据库。

（2）建立数字认证系统，将数据库的访问模式设计为"USB-Key＋用户名＋密码"，以加强数据库访问的权限控制。

（3）对于特殊原因需要直接进入后台数据库的操作，需由财务主管审批，并持财务主管的硬件证书和系统管理员证书共同进行身份认证后才能进入。

（4）禁止数据库的远程访问。软件商的维护人员不得自行进入后台数据库，如工作需要，需由系统管理员通过审批后执行。

（5）配置数据库审计系统，对重要的数据库操作进行实时监控，设置异常操作报警机制，同时记录日志作为日后审计的凭据。

（6）每周整理数据库审计系统记录，对进入后台数据库、未经客户端的数据修改进行重点审查。

对于以上数据库的内部控制目标的实现，一些设备和技术可以起到关键的支撑作用，其中主要包括数据库审计系统、基于 USB-Key 的数字认证体系等。

（二）数据的备份和恢复

由于网络财务的信息都是采用电子数据进行存储的，故必须建立一套备份与恢复机制，以确保出现自然灾害、系统崩溃、网络攻击或硬件故障时数据能够得到恢复。备份和恢复系统应具备以下条件：

（1）支持大容量存储；

（2）支持异地备份与恢复；

（3）具有跨平台的备份能力；

（4）支持多种存储介质和备份模式；

（5）支持自动恢复机制；

（6）对数据库服务器建立双机热备系统。

在完善数据备份与恢复的硬件设备和软件系统的同时，建立严格的数据备份与恢复管理制度是非常必要的。管理制度主要应该包括以下几个方面的内容：

（1）应识别需要定期备份的重要业务信息、系统数据及软件系统等；

（2）应规定备份信息的备份方式（如增量备份或全备份等）、备份频度（如每日或每周等）、存储介质、保存期等；

（3）应根据数据的重要性和数据对系统运行的影响，制定数据的备份策略和恢复策略。备份策略应指明备份数据的放置场所、文件命名规则、介质替换频率和将数据离站运输的方法；

（4）应指定相应的负责人定期维护和检查备份及冗余设备的状况，确保需要接入系统时能够正常运行；

（5）根据设备备份方式，规定备份及冗余设备的安装、配置和启动的流程；

（6）应建立控制数据备份和恢复过程的程序，记录备份过程，并妥善保存所有文件和记录；

（7）应根据系统级备份所采用的方式和产品，建立备份设备的安装、配置、启动、操作及维护过程控制的程序，记录设备运行过程中发生的状况，并妥善保存所有文件和记录；

（8）应定期执行恢复程序，检查和测试备份介质的有效性，确保可以在恢复程序规定的时间内完成备份的恢复。

四、业务流程的实时控制

（一）实时控制理论模型

由于事项驱动型的网络财务是业务流程和信息处理流程的集成，加之在网络环境下，业务活动的自动化处理替代了人工处理，存储介质也由磁介质代替了纸张，所以在对待如何完成对交易数据的正确获取这一目标上，就不能采取事后进行一致性检查等传统控制手段。又由于业务是通过网络实时发生的，人员干预的成分较少，故必须实施事中控制，即实时控制。由于已识别了事项驱动型网络财务的有关风险，就应该在风险发生时尽可能地控制它，并对业务的合法性和合理性进行充分检查，使之符合既定的业务规则。这不仅需要在业务或信息处理发生时检查和管理与事项相关的规则、政策，还需要将控制程序化，即在系统的设计和开发阶段把控制规则编写成源程序代码并嵌入业务事件的执行过程中，使各项控制由计算机自动完成，从而降低错误和舞弊发生的可能性。当然，在网络环境下，要使人们正确树立会计实时控制观念，还必须进一步深入研究网络财务的流程再造、实时控制方法、实时控制模式等理论问题，不断丰富和完善网络财务实时控制系统，使其高效、安全、正常运转，最终保证网络财务实时控制目标的实现。

（二）会计流程再造

1. 会计流程再造的意义

在网络财务中，传统的会计业务流程已无法适应，因此"流程再造"是必要且必需的。所谓"流程再造"，就是指利用信息技术去改变传统会计中的管理流程、业务流程及会计流程，并将这三种业务流程集成，以实现会计的实时控制。它的实质就是采用所谓的基于"事项驱动"方式，再造传统会计和信息系统的业务流程。在网络财务中，这种基于"事项驱动"方式的会计业务流程有以下几个特点。

（1）实现源数据仓库的共享

这种系统结构将使物理上分散的企业的多个数据库在逻辑上集中，并支持不同层次、综合性的信息需求。经过标准编码的源数据信息，可以满足企业外部所有的信息使用者的需求，使数据真正做到同出一源，实现共享。

（2）各流程紧密合作

业务流程、会计流程（信息流程）、管理流程之间能够紧密合作，各部门之间信息不协调的状态可以得到缓解。

（3）提供实时财务报告

由于信息处理与业务活动的执行过程是同步的，能够实施会计的事中控制，且系统能就违反规则的活动实时地向负责人发送异常情况报告，或者阻止舞弊活动的执行，故可使系统预防风险的能力大大提高。

2. 再造内部会计业务流程

（1）企业内部会计业务流程再造的实现路径

① 企业组织结构的再造—构建扁平化的组织

为了应对市场环境的瞬息万变，价值链会计要求企业以流程运作为中心，把"流程"作为关注的核心。重视"流程"就意味着要打破职能制的组织结构，因此，有必要构建扁平化的组织。这种组织结构因为扩大了管理幅度，所以能减少管理失误，提高管理效率，从而增强组织快速反应的能力，其具体结构如图 8-1 所示。

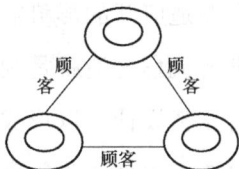

图 8-1　流程型组织结构图

② 输入环节的再造—转变会计数据采集方式

价值链会计要求清除不必要的非增值作业，其方法是采用电算化系统自

217

动收集的方式进行会计数据的采集，即当经济业务发生时将原始信息按统一编码录入并存储于信息数据库中，财会部门进行账务处理时就可以从该数据库中调用相应的信息并进行加工，这样会计部门就可以实时监控到多种原始业务单据以保证账实相符。这种区别于传统数据存储和处理的模式使会计信息系统不再是一个"孤岛"。

③ 处理环节的再造—建立事件驱动型的信息实时处理系统

价值链会计要实现会计业务和其他业务的有效集成，必须建立事件驱动型的会计信息系统以实现财务业务与其他业务的协同。其具体操作程序是：当经济业务发生时，该业务信息由企业各部门的管理信息子系统收集、编码后将原始数据通过局域网传递并保存到共享事件数据库中。这样的信息处理系统能够根据每一项交易或事项自动生成凭证、账簿和报表，给经济事项留下"脚印"从而使业务流程具有可视性和还原性。

④ 输出环节的再造—建立实时动态的信息披露系统

目前会计信息输出的形式单一，只是各种报表。要改变这种单一形式，提升会计信息的价值，就需要对会计信息输出环节进行再造，再造后的业务流程应当是：当交易或事项发生时各部门业务人员根据相应的规则将信息存入数据库，由会计人员对其进行账务处理；当使用者想要获取相应的信息时则由其发出指令，信息系统启动相应的账务处理程序对源数据库进行加工并生成所需的相关信息。

（2）再造后的会计业务流程图

管理理论和思想变革以不断适应新的形势需要，为再造会计业务流程提供了强大的理论支撑。会计业务流程再造就是利用先进的管理理论对企业原有的组织机构和工作程序进行重新设计，以形成一个能适应新形势需要的、高效的会计信息处理系统。再造后的会计业务流程如图 5-3 所示。

3. 基于价值链会计的企业间会计业务流程再造的实现路径

基于价值链会计的业务流程再造除了涉及企业内部资源的整合之外，还包括价值链企业之间的资源整合。

（1）拓展会计主体：成立价值链联盟组织

当今的竞争形式已经不再只局限于企业与企业之间的竞争，而是发展到了产品与产品、产业链与产业链之间的竞争。所以，有必要拓宽会计主体，将其扩至企业外部链条，并视外部链上的所有节点企业为一个联盟组织。这种组织是一种虚拟主体，但并非虚构主体。虽然该主体不具备确定的实体，但可以从联盟整体的角度来协调联盟企业之间的事务，从而实现整个组织价值的增值。

（2）实现资源的共享：建立"中央数据库"

处于价值链节点的企业要想实现信息资源的共享，就有必要建立企业之间的"中央数据库"。该数据库存储的信息来源于价值链上不同节点的企业，这些信息不仅要有定量、确定性信息和财务信息，还应包括定性、不确定性信息和非财务信息。鉴于一些信息的特殊性，中央数据库中的信息并不是所有节点企业的所有信息，有些信息如技术性的核心机密信息肯定不包含在其中。

（3）降低运行成本：成立会计协调委员会

为了加强企业间的协调以减少会计业务流程的运营成本，价值链上的所有企业有必要成立一个协调委员会。该委员会的任务是致力于会计数据编码标准的制定、发布与管理，协调链条中企业会计信息共享并解决其中的会计产权问题，维护价值链企业所构建的"中央数据库"，使其正常运行。

（4）降低转换成本：统一输入输出标准

将价值链上企业的会计信息统一标准并共享，有利于降低各供应商、客户信息的搜寻成本，从而达到价值链企业之间共赢的效果。现今各企业的会计信息是以不同形式的数字化文档保存于价值链各节点企业之中，为了更好地发挥这些信息资源的使用作用，应当统一会计信息标准。若数据标准不统一，势必会加大企业之间数据的转换成本，所以当务之急就是要统一会计数据输入和输出的标准，以保证企业之间数据的可读性和可比性。

（三）实时控制方法

完成了会计流程再造后，实现网络财务的实时控制便成为可能。在网络平台和信息技术的支持下，可通过识别结构化控制规则和非结构化控制规则来设计不同的内部控制方法，并在信息系统开发时将一些规则嵌入到系统中，或者设计一些管理控制模块，并将其和信息系统结合起来以完成实时控制。

1. 结构化控制规则程序化

在会计数据处理过程中，判断会计数据处理是否正确是根据结构化规则进行的，其基本规则包括以下几种：

规则1：有借必有贷，借贷必相等；

规则2：资产＝负债＋所有者权益；

规则3：上级科目余额＝其下属明细科目金额之和；

规则4：未审核凭证不允许记账；

规则5：审核人与制单人不允许为同一人。

上述规则是会计数据处理中的基本规则，同时也是"不相容职务相互分离控制""授权批准流程控制"等控制方法的具体体现。事实上，规则远不止这些，人们一直在不断探索，不断丰富和完善规则，以使会计处理流程更加规范。

2. 设计业务流程管理模块

为了实现网络财务的实时控制，可结合再造后的新业务流程，设计业务流程管理模块，并将其和会计信息系统相结合以完成内部控制工作。设计业务流程管理模块的目的在于，不因实施内部控制而影响业务流程的流转，降低工作的效率。该模块内嵌于信息系统中，可以实现信息的单向、双向、多向传递，可在线实时完成业务处理申请、处理结果批复，保证信息传递的时效性和授权审批等内控手段的实现。

业务流程管理模块主要包括如下一些功能模块。

（1）采购管理模块

采购管理模块主要用于实时获取从采购订单、出货、到货、处理采购发票等一系列采购活动中的各种信息，并应用控制标准（如采购价格标准、采购费用预算等）、控制准则（如采购价格审批准则、采购发票控制准则等），以达到对供应商选择、确定采购订单价格、处理采购发票等一系列活动进行实时控制，为企业最大限度地降低采购成本、提高经营效率提供支持。

（2）销售管理模块

销售管理模块主要用于实时获取从销售合同签订到结束全过程的经营活动信息，并应用控制标准（如信用额度、销售费用预算等）、控制准则（如赊销控制准则、销售价格控制准则等）对销售订单价格进行严格控制、指导，约束销售行为，动态控制产品的分配量、现存量、可用量、不可动用量、在途量等，在提高资金回笼流量和流速的同时，保证企业经营效益目标的实现。

（3）库存与存货管理模块

库存与存货管理模块主要用于实时获取物料入库、出库、盘点、报废及结存等信息，并应用控制标准（如各种存货的最高储量、存货最长储存期、标准用量等）、控制准则（如超储或缺货控制规则、超出最长储期的扣款规则等）实时控制存货的流量和流速，最大限度地降低库存资金占用，提高存货周转率。

（4）成本管理模块

成本管理模块主要用于实时获取成本中心信息、每道作业的信息，并应用控制标准（如材料成本、产品成本、作业成本等）、控制准则（如各种价差控制规则、各种量差控制规则、各种成本动因的控制规则），在实施标准成本控制和作业成本控制的同时，最大限度地降低作业成本、产品成本，提高企业经营效益。

（5）财务管理模块

财务模块主要用于实时动态地获取企业经营过程中的个人和部门费用，现金流入、现金流出等信息，应用控制标准（如利润中心控制标准、费用中心控制标准、资金预算等）、控制准则（如个人借款限额规则、部门费用和总额费用规则等），严格按照预算对费用和资金进行实时控制，提高资金周转率，降低各种费用，最大限度地保证提高企业的经营效益。

针对以上各类业务，应制定相应的业务流程，在每个流程中规定各种业务的处理规则，并将其与业务流程管理模块相结合，以达到实时控制的目的。

3. 通过数字认证体系进行权限控制

权限控制法是指企业高层管理者给予企业员工或部门一定的权利和责任，限定其活动范围，防止无权限人员对经营活动进行非法处理的控制方法。权限控制法也是授权批准控制法。在经营过程中，应用权限控制法能够使会计控制系统在有效的控制下正常运行，并能严格执行内部控制制度，保证系统的安全性和保密性。实施权限控制法时，也需应用相应的结构化规则来指导、协调、约束经营活动。其基本规则是：当某项经营活动或事件发生时，如果某人有权限，则可以处理该事件，否则不允许处理。权限控制法从控制内容看，既涉及财务事件，也涉及业务事件控制权；从控制范围看，既涉及某一具体事件，也涉及整个流程的控制权。设计数字认证体系是实现权限控制的方法和途径。

4. 建立实时监控系统

在网络财务实时控制中，对各类重要业务和事项进行实时监控是非常必要的。因此，建立业务事项的实时监控系统是至关重要的，其具体内容如下：

（1）通过与各子系统的集成数据接口实时提取数据；

（2）对于需要监控的数据，根据各子系统通过业务事项的重要程度设置数据提取的条件；

（3）业务监控系统向不同级别和权限的人员实时提供相应的监控信息；

（4）在数据到达时进行实时消息提示；

（5）具有权限的人员登录业务监控系统后，未阅读的监控信息会自动提示阅读；

（6）对提取的监控数据存档备查。

综上所述，在网络财务中，优化和再造流程后，将规则嵌入会计控制系统，使计算机能严格按照控制规则进行实时控制。这样不仅减少了人工控制的缺陷，规范了经营活动，而且对发挥财务对经营过程的实时控制，实现提高企业经营效率和效益的目标起到了推动作用。

第三节　互联网时代企业财务内部控制体系的设计

简单地说，互联网环境下财务信息系统内部控制设计的指导思想，就是以内部控制理论，尤其是 COSO 报告的内部控制整体框架为依据，发挥网络财务信息系统在内部控制方面的优势，利用信息技术和 IT 设备解决其面临的难题。

一、网络环境下财务内部控制体系的设计原则

（一）合法、合规性原则

网络财务内部控制的设计应当遵循国家有关财经法规及单位自身有关管理制度的要求，以保证每一项经济活动在合法、合规的状态下开展。

（二）成本与效益原则

鉴于网络财务信息系统的独特性，其内部控制难以达到完美状态。与传统的会计内部控制相比，网络财务信息系统在软件和硬件方面的投资显然更大，因此，强调成本效益原则变得尤为重要。通常，控制程序的执行成本不应超过可能由风险或错误导致的损失或浪费，基本的标准是实施控制的收益应大于其成本，否则即使是再好的控制措施和方法也将失去其存在的意义。

（三）针对性原则

网络财务的内部控制应该有很强的针对性，应依据网络财务内部控制的

优势和所面临的难题，针对网络财务内部控制中的薄弱环节，找出关键控制点，制定具体内部控制程序和相应实施手段。

（四）内控严疏和效率高低协调的原则

单纯从会计工作来讲，需要最为严格的内部控制。但是如果内部控制实施后使得原本简洁的工作流程变得复杂，工作效率大幅降低，则该内部控制制度将不具有可操作性，故应该在这两者之间找到一个最佳结合点。

（五）重要性原则

网络财务的内部控制应该突出重点，兼顾一般。在把握事项的重要性方面，应考虑该事项对系统的影响力、业务性质、金额大小等。

（六）安全性原则

网络财务与传统的会计内部控制有所不同，其最核心的内部控制问题在于系统和数据库的安全性。如果系统存在安全隐患，那么它将无法正常工作，也无法提供稳定的会计数据。一旦数据库遭到损坏，其所遭受的损失将是无法弥补的。

（七）实用性原则

网络财务的内部控制建设是建立在理论基础上的，但它并不是为了深入研究而建立的，因此，它的实用性成为一个至关重要的准则。构建内部控制不仅仅是建立一个固定的原则和制度并将其挂在墙上，更重要的是确保其得到真正有效的实施。我们需要高度重视将内部控制整合进系统，并采用各类信息技术、IT 工具等高效方法来执行它。

（八）一般性原则

一般性原则也就是传统会计内部控制所说的相互制约、职责分离、审批监督等原则，这些原则在网络财务内部控制中依然有效，所不同的是要将它们嵌入到系统中去，并将人工控制转换为程序控制[①]。

（九）发展性原则

随着单位情况的发展变化，以及系统的完善和发展，网络财务的内部控制环境也将随之发生变化，控制的关键点和内容也会有所变化。内控建设应该始终关注上述因素变化，定期评估并适时做出调整，以适应企业财务管理的发展需要。

（十）坚持以人为本

始终坚守"以人为本"的原则，并以更加人性化的制度规范作为基础和目标。因为人才是互联网公司最宝贵的资产，所以在进行内部控制时，互联网公司应特别关注以下几个方面：第一，内部控制应尊重人的本性、适应人的需求并激发人的潜能；第二，专业性意味着内部控制与业务的发展趋势是一致的；第三，透明度和公正性，意味着所有的内部控制规定和标准都应以公正和透明作为其核心原则和目标；第四，明确的责任、权力和利益是至关重要的。这意味着在制定制度规范时，需要明确企业的各个部门和相关员工的职责、权力和利益，确保每个人都能清楚地知道自己的职责和可能获得的回报，这意味着实施这一政策的所有结果都是可以预测的；第五，我们强调制度的标准化、网络化以及查询的便捷性，这意味着每个人都可以在任何时间、任何地点查找自己所掌握的关键风险控制点和相应的控制策略。

二、网络环境下财务内部控制的整体框架

对于网络财务而言，其内部控制整体框架，同样可以依据 COSO 报告的要求来设计，其具体内容包括以下几个方面。

[①] 高云进，董牧，施欣美. 大数据时代下财务管理研究［M］. 长春：吉林人民出版社，2021.

1. 控制环境

COSO 报告强调，控制环境涵盖了多个方面，包括管理哲学、组织结构、董事会或审计委员会、人力资源与实务、权责分配方式、品行与价值观、胜任能力等。在网络财务的内部控制方面，最关键的任务是构建一个完善的组织架构，并根据工作需求和内部控制需求来设定各种不同的人员角色，并赋予他们相应的操作权限。通常情况下，操作人员可以被划分为几个不同的类别，包括财务主管、系统管理人员、一般核算人员、管理人员和稽核人员等。在分配权限时，我们既要确保工作流程的流畅性，同时也要考虑到各方之间的相互制衡。此外，强化员工的职业伦理教育并提升他们的专业技术能力，也是至关重要的。

2. 风险评估

为了提升企业的内部控制效能和成果，控制环境与风险评估显得尤为关键。在研究网络财务的内部控制时，不能忽视其所依赖的外部环境以及单位内部和外部的各种风险要素。此外，还需要深入探讨网络财务内部控制经历了哪些本质上的变革，以及这些变革对网络财务可能带来的影响。与传统会计方法相比，网络财务面临的主要风险点已经发生了显著变化。这些变化主要涉及网络风险、系统与数据库的风险、会计数据更改的风险、数据存储状况的变动带来的风险，以及交易授权状况的改变所带来的风险等方面。因此，需要从环境的角度和风险的根源开始，对网络财务中可能出现的风险因素进行深入的分析和评价。在必要的情况下，可以设立专门负责风险识别、规避和管理的风险评估部门或职位。

3. 控制活动

在进行风险评估和业务流程分析后，应首先识别出关键的控制点，并对这些控制点实施有效的控制措施。所有的控制活动都应包括核准、授权、验证、调节、复核、确保资金的安全以及权限的控制等多个方面。对网络财务来说，其控制行为主要可以划分为网络管理、系统管理、数据库管理以及各种特定的业务活动管理。控制活动也可以细分为事前预防、事中管理和事后审查，以便更具体地执行。

4. 信息与沟通

网络财务中的信息和沟通主要涵盖了会计部门内部的信息交流以及会计部门与其他功能部门的信息交流，部分还涉及会计部门与其外部单位之间的信息交流。在会计部门的内部环境中，信息是通过财务内部的局域网络进行传输的。根据特定的业务控制需求，这些信息和交流可能是单向的、双向的，甚至可能是多方向的。这些信息和交流都是嵌入在系统内部，并由软件程序来实现的。会计部门与单位的其他功能部门之间的信息交流和沟通，其核心目标是促进各部门间的信息共享，提升工作效率，并加快信息的传递和处理速度。这一目标主要可以通过开发跨部门的数据接口来实现。关于会计部门和单位与外界的信息交流，这主要涉及一些基于互联网的在线应用业务。从宏观角度看，对于网络财务，其内部控制的信息和交流主要是依赖网络和信息系统来实现的。

5. 监控

传统监控通常是由日常内部稽核与审计、自我工作评估组成。网络财务监控内容因控制环境变化、风险点差异、控制活动的实现模式转变、信息和交流网络化和程序化等原因而产生巨大变化，主要有网络平台监测、系统总体运行状态监测与控制、信息传递过程监测与控制以及特定业务监测等。它除能借助于传统会计稽核与审计手段之外，也能借助于防火墙、安全审计系统、信息系统实时监测模块等装置与技术完成监测工作。

三、网络环境下财务内部控制体系的设计流程

（一）明确控制目标

网络财务内部控制的目标，是指通过控制所要解决的问题和所要达到的目的，可概括为以下 6 个方面。

1. 确保系统的合规合法

信息系统如同手工业务操作，它自身和它办理的经济业务都要遵守国家相关的法律、法令、方针和政策，以及相关部门制定的各项规章制度，比如现行会计制度和财务制度。所以在系统设计过程和系统运行阶段，都需要设置合适的内部控制来保证系统和其办理的经济业务合规合法。

2. 保证系统处理数据的正确无误

确保系统对数据进行正确处理是网络财务内部控制最根本的目的。为确保系统所处理的数据正确，系统设计时，应重视设计程序化控制，例如平衡控制、正当性控制、总数核对、合理性检查、纠错系统检查、输入数据的类型检查、顺序检查等。系统运行中应严格控制数据输入环节，保证输入数据正确。

3. 提高系统的安全性

确保计算机信息系统安全、可靠是该系统正常工作的前提与基础。所以在该体系正式投入使用前，就要考虑到其安全性问题。要通过制定严格完善的硬件、软件、数据安全措施，确保系统安全、可靠。

4. 提高系统运行的效率

信息系统运行效率的高低，主要取决于数据输入的快慢。所以在进行系统输入设计时可以使用合适的控制设计技术来提升系统输入效率。如网络财务信息系统可由计算机自动产生凭证编号、以编码方式录入会计科目、规范摘要格式、用代码录入常用摘要。

5. 提高系统的可维护性

系统维护工作不但数量多，而且内容繁杂。所谓可维护性，就是系统易于理解、易于修改、易于扩展。要实现这一控制目标首先要在系统开发工作中考虑后期维护工作。在开发系统时，需要对系统开发各个环节进行严格管理与控制。

6. 增强系统的可审计性

所谓可审计性，是指具备相应能力和资格的审计专家，在一个合适的时间和人员范围内，对系统的准确性和稳定性进行公正的评估。影响计算机信息系统可审计性的因素有很多，最主要的是审计线索。计算机信息系统审计线索既有易破坏又有易篡改的特点，如果在设计中考虑不周全，就难以开展事后审计。所以只有对计算机信息系统投入、加工以及产出等设计环节进行相应的控制，例如建立网络财务信息系统总账、明细账、记账凭证等类型的数据库，保存多种审计线索并方便跟踪和审查会计数据。

（二）进行风险评估

风险评估主要包括对网络风险、系统风险、信息风险进行评估，这部分内容可以参见第 6 章中的相关内容。

（三）设置关键控制点

在对网络财务所面临的网络风险、系统风险、信息风险进行评估后，应针对各类风险设置关键控制点。

（四）进行流程设计

要想优化网络财务业务流程，必须将其和控制体系相结合，同时应根据网络财务的特点进行会计业务流程再造，建立财务业务一体化流程。

（五）采用支撑控制方案实施的网络信息技术

要想实现网络财务内部控制，网络信息技术和 IT 设备的支持是必不可少的，它们是实现内部控制的基本保障。主要采用的一些技术和设备如表 8-2 所示。

表 8-2　实施内部控制可采用的主要技术和设备

内控阶段	内控目标	解决途径
事前控制	网络安全	防火墙
	系统安全	入侵检测、防病毒网关、杀毒软件等

续表

内控阶段	内控目标	解决途径
事中控制	系统维护人员控制	数字认证系统
	授权审批等业务控制	业务流程管理、实时监控系统
事后控制	数据安全	数据库审计系统

四、网络环境下会计信息系统内部控制发展建议举措

（一）强化工作人员的操作程序

在计算机程序应用中，所有的操作，无论是时间、数据内容还是工作人员，都应该有详细记录。同时，需要制订相关的数据处理准则，并对数据中的文件名、存储地址以及保存时长等关键要素进行明确规范，以建立日常的人机操作制度，实现统一的管理模式。为了给出违反程序时的提示，计算机会计软件应设置用于重复、错误和忽视操作的控制程序。对于那些已经完成且不能修改的会计业务程序，若有更改需求，必须通过补充记账等方式来实施，以确保会计资料的真实性和准确性。在计算机硬件系统上安装软件时，务必严格按照指定的步骤来操作，不应任意进行系统的安装操作。在启动计算机前，应先打开其外部设备，然后激活主机；关闭主机时也应先关闭其外部设备。进行软盘读写时，应谨慎操作，避免强行打开软盘，以防给计算机造成损害。在布置线路时，还需确保其不受电磁干扰和人为破坏，并避免经常移动计算机等设备。对操作者实施相关操作时，必须明确设定具体标准，并制定严格的硬件使用规程。系统必须有明确的标准操作流程，并且需要制定操作员进入系统的具体步骤，以便对突如其来的紧急情况，如突发断电，进行迅速处理。

（二）建立安全的网络环境

我们需要加强企业及其相关员工对会计信息系统安全风险的了解，提升他们的业务能力和思维品质。我们的目标是确保工作人员能够主动遵循各种工作流程和规定，从而减少在实际操作中可能出现的错误，进一步增强他们的系统安全意识，并增强对系统安全的主动保护意识。为了培养具备全方位知识的网络系统管理专家，他们不仅需要拥有卓越的网络系统技能，还应具备深入思考、细致观察、及时发现并处理系统潜在风险的能力。我们需要制定有效的病毒预防措施，确保病毒不会对系统造成损害，使用合法的软件，并在使用外部软件之前进行杀毒处理，同时对整个系统实施实时监控。应定期检查硬盘，一旦检测到病毒，应立即在开机时进行控制，务必注意查杀病毒，并对文件和数据进行定期备份。对于来源不明的邮件和网页，必须严格禁止浏览和打开，以防止病毒侵入。我们还需要制定针对黑客和其他违法者的保护措施，如建立防火墙和使用入侵检测软件等手段。实施一系列的安全防护措施，如数据加密、访问限制和技术认证等，以有效阻止黑客的侵入。还需进一步强化对关键数据和资料的保密措施，以避免其随意传播。我们需要加大对关键网络设备的管理力度，剔除除系统正常运作所需之外的所有用户，以提高网络的整体安全性。

（三）加大组织控制力度

随着计算机科技的持续进步，会计信息系统也在持续更新，这包括基础会计职位和数字化会计职位。在会计岗位方面，基础会计岗位包括会计主管、核算、出纳、稽核和档案管理人员等，而在信息化会计岗位上，则有管理员、操作员、维护员、审核员和开发员等多个职位，但这些职责不能由单一人员同时承担。为各个职位的员工制定岗位责任机制，确保责任明确到每一个人，并增强员工工作规范的可实施性。我们需要建立和完善会计制度，确保每位工作人员都获得统一的授权，并通过密码进行管理，以防止任何非法或越权操作。系统内不应随意导入任何软件，以避免外部软件对会计系统产生负面影响。同时，不兼容的职务需要分开，并确保各个岗位之间建立有效的内部监督和制约机制。通过相互制衡和制约，我们可以有效避免违法行为的出现，及时识别出潜在的错误，从而降低企业遭受的损失。因此，有必要持续优化企业内部会计信息的相关规章制度，构建和完善相应的法律框架，加强监管和控制，以全方位、有效地管理会计专业人士和软件应用。

参考文献

[1] 包景慧，苏丽静，陈立芳. 现代财务会计管理与内部控制探究［M］. 北京：现代出版社，2023.

[2] 常青，王坤，檀江云. 智能化财务管理与内部控制［M］. 长春：吉林人民出版社，2021.

[3] 陈武朝. 企业内部控制研究［M］. 北京：中国财政经济出版社，2024.

[4] 成昊，李乐，王黎莉. 财务管理研究与内部控制管理［M］. 长春：吉林科学技术出版社，2023.

[5] 高俊云. 现代企业会计管理的模式研究［M］. 哈尔滨：哈尔滨出版社，2023.

[6] 郭群. 企业内部控制［M］. 北京：北京大学出版社，2024.

[7] 韩雯. 企业财务管理与会计内控制度体系建设［M］. 长春：吉林出版集团股份有限公司，2023.

[8] 胡明霞. 管理层权力、内部控制质量与管理层防御：基于中国证券市场的理论与实证研究［M］. 成都：西南财经大学出版社，2021.

[9] 黎兆跂. 现代企业经济管理与财务会计创新［M］. 延吉：延边大学出版社，2023.

[10] 李宝琰. 财务管理与内部控制［M］. 北京：经济日报出版社，2022.

[11] 李素鹏. 行政事业单位内部控制体系建设全流程操作指南［M］. 北京：人民邮电出版社，2020.

[12] 刘国庆. 财务会计与企业管理研究［M］. 北京：中国商务出版社，2023.

［13］刘洋. 大数据时代企业管理会计发展探析［M］. 长春：时代文艺出版社，2023.

［14］邱德君，裴雪，李奇伟. 现代企业财务会计与管理会计的融合发展［M］. 北京：九州出版社，2023.

［15］盛立军，宣胜瑾. 企业内部控制实务［M］. 北京：北京理工大学出版社，2022.

［16］王海兵. 企业社会责任内部控制研究［M］. 成都：西南财经大学出版社，2020.

［17］王良. 企业内部管理与风险控制实战［M］. 北京：中华工商联合出版社，2024.

［18］王文. 内部控制与风险管理理论与实务［M］. 长春：吉林人民出版社，2020.

［19］魏永宏. 内部控制学［M］. 北京：电子工业出版社，2020.

［20］文杨虹. 企业成本与管理会计理论实务研究［M］. 北京：中国商业出版社，2024.

［21］辛妍. 高校财务风险管理与内部控制［M］. 郑州：河南人民出版社，2020.

［22］杨雪. 内部控制与评价［M］. 上海：上海财经大学出版社，2024.

［23］杨增生. 内部控制与银行管理实践研究［M］. 北京：中国纺织出版社，2023.

［24］赵慧颖，张晓东著. 高校财务内部控制与绩效管理研究［M］. 长春：吉林人民出版社，2023.

［25］赵振虹，李征阳，赖寒. 企业内部会计控制与全面预算管理研究［M］. 太原：山西人民出版社，2024.

［26］朱丰伟，袁雁鸣，安金萍. 现代财务会计与企业管理研究［M］. 北京：中国商务出版社，2023.